ちくま新書

心理学をつくった実験30

大芦 治
Oashi Osamu

1719

心理学をつくった実験30【目次】

本文イラスト＝たむらかずみ

序章 心理学は、いつ、どのように成立したのか

†心とはそもそもどういうものなのだろうか

大学で心理学を教え始めてからかれこれ四半世紀が過ぎようとしている。毎年、初回の授業で受講者に次のような質問をすることにしている。それは「この中に人の心というものを見たり、触ったりしたことがある人はいますか？　いたら手を挙げてください」というものだ。もちろん、一人として手を挙げたことはない。

それもそのはず、心というものはふつうこの世に存在する〝物〟一般がもつような物理的な属性を何も持たないのである。つまり、色、形、におい……といったものが何もなく、手でつかむことも、触ることもできない。だから、冒頭の質問に「はい」と答えられる人はいない。

だからといって、心というものが存在しないかというと、そうではない。今、この本を読みながら考えている自分がいることがわかるのは、自分に心があるからである。ただ、心は通常、学問の対象となる〝物〟のように物理的な属性として捉えることができない。化学ならば薬品という〝物〟が、生物学ならば生物の体というやはり〝物〟が、経済学であればお金の流れという〝実体〟が、それぞれ研究対象になる。しかし、心理学の研究対象としての〝心〟はそのような〝実体〟〝物〟として存在しないのである。つまり、心理学の研究対象としての〝心〟は、物の世界とは別の世界の原理に基づいて存在しているようなのだ。

ときに人は、自分の考えたことや感じたことを他人に話したいと思うことがある。これは、他人にも自分と同じような心があって、自分が考えたこと、感じたことを同じように理解してくれるはずだと思っているからである。

このようにわれわれは、人ならば誰でも、心というものがあることを直観的に理解している。しかし、心がどういうものかと問われると、かくの如く答えに窮してしまう。この問いは、今にはじまったわけではなく、長年にわたって、多くの学者たちを悩ませ続けてきたものだ。本書では、そうした難問に心理学者がどのように向き合い、どんな答えを導き出そうとしてきたかを、30個あまりの著名な実験を分野別に紹介することによって明らかにしていく。だが、ここでは本題に入る前に、「心理学」という学問が成立するまでの流れをたどっておこう。

†心理学成立以前

17世紀のフランスの哲学者ルネ・デカルト（1596―1650）の「われ思う故にわれ

あり」という言葉はきっとご存じであろう。これは、デカルトの著書『方法序説』の中にある言葉で、物質的世界の存在をいくら疑ってみてもそれを考えている自分の存在だけは絶対的に確かで疑うことができない、という意味だ。この言葉を心理学の立場から解釈すれば、心の世界と身体（つまり物質）の世界は別物で、それぞれ独立した世界としてできあがっており、心の世界が物質の世界の影響を受けることは原則的にありえないということになる。

デカルトによれば、人は生まれつき心の中に基本的な認識に必要な観念（生得観念）を持っており、外の世界を認識しているつもりでも基本的には、この観念を見ているにすぎないのだという（しかし、現実には、目の前にある物に手を出せば触れることができることからもわかるように、物質的世界と心の世界には何らかの対応関係がある。そこで、デカルトは脳の松果体といわれる部分が心の世界と物質的世界の対応関係を作り出しているという少々無理な論を展開しているが、本書ではこれ以上立ち入らない）。

デカルトより30年ほど後に生まれたイギリスの哲学者ジョン・ロック（1632—1704）は、人が生まれたとき心はタブラ・ラサ（白紙）の状態にあり、生まれつき備わった観念（生得観念）などないと考えた。心は外界にあるさまざまな刺激（感覚）を経験するが、それらの刺激を観念として取り入れて心というものを作ってゆくのだという。ロックは、さらにそこに内省という観念が加わり、それらが組み合わさることで複雑な心の働きも作り上げられると主張した。これは、主要な観念は生まれつき心の中に備わっていると考えたデカルトとは対極に位置づけられる考え方だ。

そして、これらのデカルトやロックの議論を踏まえ、近代哲学の認識論の基礎を作ったのがイマニュエル・カント（1724—1804）である。カントは、人の心はデカルトが考えたように物の世界から完全に独立して存在しているものではなく、また、ロックが考えたように白紙の状態で生まれてくるわけでもない、と考えた。

カントによれば、人の心はロックが主張するように外界からの刺激を取り入れ形成されるのだという。ただ、心は完全に白紙なのではなく、外界からの刺激を認識するに際し時間や空間を識別する枠組みのようなものがあらかじめ備わっていて、入力された刺激は、その枠組みに沿って自動的にあてはめられて処理されてゆくのだという。カントの考え方のこのような面は、むしろ心をあらかじめ存在しているものと考えたデカルトに近い。カントはデカルトとロックの理論を折衷した認識論を作り上げたのである。

さて、カントがここで考えた〝認識の枠組み〟とは何か。実は、それこそが心理学が研究対象としようとしているものそのものであった。

少し先を急ごう。18世紀後半から19世紀にかけてヨーロッパでは自然科学やそれを応用

表0-1　近代におけるおもな技術進展

1770	ラボワジェが食物が体内で熱を作り出すことを明らかにする。
1775	ボールトンとワットが蒸気機関を発明。産業革命のきっかけをつくる。
1796	エドワード・ジェンナーが初めて予防接種を実施。
1808	ジョン・ドルトンがすべての元素は分割不可能な原子からなると主張。
1821	マイケル・ファラデーがはじめて電動機をつくる。
1828	クリスティアン・エーレンベルクがバクテリア(細菌)を発見。
1842	クリスティアン・ドップラーがドップラー効果を予測。
1850頃	クロード・ベルナールが膵臓が消化液を出していることを発見。
1857-58	クリスティアン・ケクレが炭素原子の構造理論を提唱し、有機化学の礎をつくる。
1859	チャールズ・ダーウィン『種の起源』が発刊。
1864	ルイ・パスツールが空気中の微生物が発酵という現象を引き起こすことを発見。
1869	ドミトリ・メンデレーエフが元素の周期表を作成。
1870	パスツールとロベルト・コッホが病原菌説を出す。

した技術が飛躍的に発達する。上に有名な出来事を紹介しておこう（表0-1）。

これらは、現在の医学、生理学、物理学、化学、工学などの分野の基礎となり、今日のわれわれの生活に直接つながるものばかりである。また、これらの発見や発明の多くが実験という方法によってなされた点も注目しておいてよいであろう。というのは、心理学という学問は、このような19世紀に飛躍的に発展した自然科学から実験という方法を借りて成立したからである。

†哲学と心理学

ご存じのように哲学は、人間とは何か、意識とはどのような働きをしているのか、人間は世界をどのように認識しているか、といった問いに答えるための学問である。哲学者は、古今東西の文献を読み、こういった問いに答えを見つけようと思索を重ねてきた。一方、先ほど述べたように近代の自然科学は実験という方法を用いて大成功を収めてきた。

19世紀も半ばになると、次のようなことを考える学者が現れた。それならば、実験という自然科学的な手法を用いて、人間とは何か、意識とはどのような働きをしているのか、人間は世界をどのように認識しているのかといった哲学的なテーマを扱ってみたらどうなるだろうか。文系の哲学的なテーマに、理系の実験的な方法を用いて取り組んでみたらどうなるのだろうか。そういう思いつきからはじまったのが心理学だった。次にこのような文理融合的な学問の先駆けとでもいうべき心理学の成立史を、少しだけ詳しく見てみよう。

†ヴントとヘルムホルツ

ふつう、心理学の成立の立役者として、真っ先に名前が挙がるのはヴィルヘルム・ヴント（1832―1920）という人だ。ドイツの西南部のマンハイムで生まれたヴントは医学を学び医師になるが、ほどなく自分は医師には向いていないと思い、生理学者に転じた。その後、ハイデルベルク大学でヘルマン・フォン・ヘルムホルツ（1821―1894）の助手となった。ヘルムホルツは、エネルギー保存の法則、光の三原色説などで知られる物理学者、生理学者だ。このヘルムホルツが後にヴントが実験心理学を創始するのに大きな影響を与えることになる。

当時、生理学の研究テーマの一つに、人はどうして三次元で世界が知覚できるのかというものがあった。たとえば、視覚を例にとると、われわれは外界を奥行きのある立体的なものとして知覚している。ところが、実は網膜には二次元の像が映し出されているだけで、立体的に見えているわけではない。立体的な知覚が成立するためには何らかの付加的な情報処理が必要になるはずだ。この情報処理がなかなかのクセモノである。というのは、生理学は実験によって網膜像や視神経のメカニズムは明らかにできたが、それらは二次元どまりで、それを人がどのように立体的に知覚するかということまでは、扱えなかったからである。

図0−1　ヘルムホルツ

この問題には、ヘルムホルツも関心をもっていた。そして、この問題に対するヘルムホルツの見解は、人は立体的な三次元の知覚を経験によって学習しているというものだった。

しかし、それには少し無理があるようにも思う。ふつう人が何かを学習するときは、意識的に練習が必要になり、少し時間がかかる。一方、立体的な知覚はたいていは瞬時に成立してしまい、学習している時間がほとんどない。そこにどうも無理がある。それに対しヘルムホルツは、人は繰り返し同じような立体的な場面に晒されているうちに、自分でも気づかない間に無意識的な推論が自動的に行われるようになり、瞬時に立体的な知覚ができるように学習するのだと主張した。

このヘルムホルツの説が正しいかどうかは、とりあえず置いておく。著者がここで注目したいのは、この説の当否それ自体よりもむしろこの議論の前提にあるものである。それは、この立体の知覚の成立の仕組みについて議論したのは、ヘルムホルツのような生理学者がはじめてではないということだ。

先ほどカントについて紹介したとき、カントは、人には時間や空間を識別する枠組みのようなものがあらかじめ備わっていて、外界からの刺激を認識する際にはこれを利用しているという立場をとっていたと述べた。つまり、当時ヘルムホルツをはじめとした生理学者たちが解明に取り組んでいた知覚の仕組みとは、実は彼らの1世紀前の哲学者、カントが考えた「人にあらかじめ備わっている知覚の枠組み」に由来するものであったのだ。

このように哲学的なテーマを生理学的な問題としてとらえなおし、実験という自然科学的な方法で取り組もうとしたときに心理学は生まれたのである。もともと哲学的なテーマであった認識の問題に哲学者ではない科学者が取り組んでいる。心理学はこのようにして、自然科学の影響のもと、哲学から分離してできたのである。

実験心理学の成立

さて、話題を実験心理学成立の立役者ヴントに戻そう。

図0-2　ヴント

ハイデルベルク大学でヘルムホルツの助手をしていたヴントは、必ずしも優秀な助手ではなかったらしい。数学の知識が不足していたとも、あるいは採取する実験データの精度が悪かったなどともいわれているが、本当のところはわからない。とにかく、ヴントは自分は生理学にも不向きだと思ったのだろう。彼の関心は哲学に移ってゆく。そして、哲学的なテーマと生理学者としてのキャリアの中で身につけた実験的な手法とを組み合わせた新しい学問、心理学を構想しはじめる。そんななか、彼は1875年、ライプツィヒ大学の哲学教授に就任する。そこで、チャンスをつかんだ彼は心理学実験室を開設する。そして、その4年後の1879年、実験心理学は正式な授業科目となった（ふつうこの1879年をもって実験心理学誕生の年とする）。

さて、こうして成立したヴントの心理学であるが、その内実はどんなものだったのであろうか。ヴントによれば、(1)心理学の基本的な方法は意識をよく観察すること（これを内観という）である。しかし、(2)ただ、心の中で生じていることを漠然と報告するというのではとりとめがない。そこで、(3)実験室という外からの刺激をシャットアウトした空間で、実験装置によってコントロールされた刺激を提示し、(4)そのとき意識の中で生じていることを、訓練された心理学の専門家が報告する。以上の手続きが必要であり、それが実験なのだという。つまり、今日の心理学の実験とは異なり、当時の実験は心理学者自身が実験の対象者（被験者）になって実験中の意識内の出来事を口頭で報告していたのである。

では、こうした手続きを踏んだ一連の実験によって明らかになった心とはどのようなものであったのだろうか。ヴントによれば心、すなわち意識は最小単位まで分解して考えることが可能であり、彼は、その最小単位を要素と呼んでいる（そのためヴントの心理学は要素主義といわれる）。

たとえば、バニラアイスクリームを食べたときの心理状態の例を表記すると、

バニラアイスクリーム＝冷たい＋甘い＋バニラのにおい＋やわらかさ＋黄色

となるのだそうだ。(1) ちなみに、この冷たい、甘い……といったものが意識内の要素であり、この要素を結びつけようという意識内の作用を統覚という。

今日、人の心の中でこのような化学変化が実際に起こっていると考える心理学者は、まずいないだろう。著者がいいたいのは、これが化学のアナロジーであるということだ。前述のようにメンデレーエフが元素の周期表を作ったのが1869年、つまりヴントが正式に実験心理学を始めるちょうど10年前だったということを考えると、その歴史的な意義は理解できるはずだ。哲学から抜け出し、最新の自然科学と肩を並べようと躍起になっていた当時の実験心理学がどんなものであったか、その一端がわかるのではないかと思う。

さて、このようにして始まったライプツィヒ大学の心理学実験室には、ドイツのみならず世界中から多くの若者が集まった。ヴントが当時にしては英語が堪能だったことも一因のようだが、なかでもアメリカからの留学生が多かった。彼らがのちに帰国しアメリカに心理学を根づかせることになるわけだが、その話はまたの機会に譲る。

†ウィリアム・ジェームズ

ヴントと並んで黎明期の心理学を代表する学者として取り上げなくてはならないのが、ウィリアム・ジェームズ（1842―1910）である。ニューヨークの裕福な家に生まれたジェームズは、ハーバード大学に進み医師となるが、実際に医業につくことはなかった。その後ジェームズはハーバード大学の生理学講師となるが、このころから心理学に関心を持つようになり、1875年にはヴントより4年早く、（私的なものではあるが）ハーバード大学に心理学の実験室を設けていた。しかし、実際に自分から心理学の実験や教育を行うことはあまりなく、ドイツから招いたフーゴー・ミュンスターバーグ（1863―1916）にまかせきりだったという。ジェームズは、名著とされる『心理学原理』[2]を出版した後、哲学へと関心を移し、その後は引退するまで哲学の教授として活躍した。

ジェームズは、今でも初期の実験心理学を代表する心理学者として尊敬を集めている。しかし、ジェームズ自身はフランスの哲学者シャルル・ベルナール・ルヌーヴィエ（1815―1903）の自由意志を認める所説に傾倒し、また、当時流行していた心霊主義にも関心を示すなど、むしろその関心は自然科学的な実験心理学とは異なる方向を向いていたようだ。

図0-3　ウィリアム・ジェームズ

†本書の構成

本書では、以下第1章から第10章を通して、19世紀末から20世紀末ごろにかけて行われた30個あまりの心理学の研究（おもに実験）を、目次に示したように各領域別に紹介してゆく。その順序は条件づけ、記憶、認知……

といった具合で、一見、大学の教科書ふうにお決まりの研究を並べたようなものに見えるかもしれない。しかし、実際はそうではない。本書で取り上げる研究は心理学の研究の歴史的発展とも一致しており、読者は、それらの実験を心理学の発展の流れの中に位置づけながら理解できるのではないかと思う。その一方で、読者はそこに登場する心理学者たちが、心という目にも見えず姿形もわからないものを捉えるにあたって、どのような工夫をし、どのような苦労を重ねてきたかを垣間見ることができるはずである。

では、さっそく見てゆこう。

第1章

行動主義と条件づけ

†アメリカ生まれの心理学者

ドイツで実験心理学が誕生してから20年近くが経とうとしていた。そのころは、まだ、心理学を専門的に学ぶとなるとヨーロッパ（とくにドイツ）に留学することが一般的だったが、一方で、アメリカだけで教育を受けた心理学者も少しずつ育ってきた。

ここで紹介するエドワード・ソーンダイク（1874－1949）は、そのような米国出身の心理学者の最初期の一人だ。はじめは牧師になるべく教育を受けたソーンダイクだったが、序章でもふれたウィリアム・ジェームズの『心理学原理』を読んで心理学を志し、ハーバード大学のジェームズのもとで学ぶことになった。

当初、彼は子どもを対象とした研究に関心を持っていたが、諸事情により実験が難しかったため、迷路を使ってヒヨコの学習能力の研究をすることにした。しかし、大学は実験の場所を提供しようとせず、それを見かねたジェームズが自宅の地下室を実験室として提供したという。実験心理学の動物実験に必ずしも乗り気ではなかったジェームズだが、こういうところで彼一流の寛容さを示していたことも、彼がアメリカの科学的心理学の創始者とみなされるようになった一つの遠因なのかもしれない。

のちにソーンダイクはコロンビア大学に移り、そこで、博士号を取得、さらに教授として終生留まることになるが、そのソーンダイクの有名な実験を見てみよう。

実験1　ソーンダイクの問題箱——箱の仕組みを猫は理解できるか

ソーンダイクの実験では、図1-1のような装置が使われた[1]。この中に猫を入れる。外には餌が置いてある。猫は空腹なうえに、窮屈なところに閉じ込められた息苦しさから、とにかくこの箱から脱出しようとする。うろうろし、爪でひっかいてみたり、かみついてみたり、よじ登ろうとしたりするがどうにもならない。やがて偶然、ペダルのようなものを踏む。すると、鎖によって引っ張られたドアの掛け金が外れる。猫はようやく外に出られることになるが、外に出るとゆっくりしている間もなく、またつかまえられて箱に入れられてしまう。猫は、再び歩き回ったり、かみついたりするが、しばらくすると、鎖を引いてドアを開けることに成功する。これをしばらく繰り返してゆくと、やがて猫は箱に入れられてから数秒で箱から逃げることができるようになる。

図1-1　ソーンダイクの問題箱

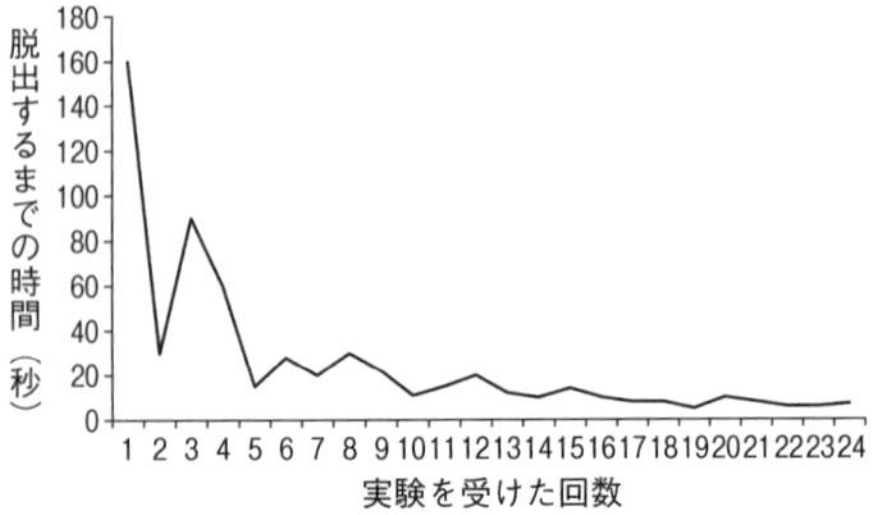

図1−2　実験結果のグラフ

なお、実際には、ドアの構造や位置などが異なる十数種類の実験装置が作られ、実験に使われた猫も12匹ほどいた。図1-2は、ある1匹の結果についてソーンダイクが公表しているデータをもとに、著者がグラフに直したものである。縦軸は、箱に入れられてからドアを開けて外に抜け出すまでの時間、横軸は、実験を重ねた回数だ。だいたい15回目を過ぎたあたりから、ほぼ毎回10秒以内で脱出に成功するようになっており、だいたいそのあたりで学習が成立したものと思われる。

このグラフを見て読者のみなさんはどう考えるだろうか。意見は、おおむね二つに分かれるのではないかと思う。一つは、「猫はこの鎖を下に引けば掛け金が外れると理解したのか。なるほど。猫もなかなかの頭脳の持ち主だな」と見る立場、もう一つは「猫がこの装置がどういう仕組みになっているかなどわかるはずがない。きっと何度もやっているうちに、ここを引けば外に出られる、という単純な動作を覚えただけだ」という立場だ。

実験を行ったソーンダイクはどう考えたのだろうか、彼が支持したのは後者だった。猫が箱の仕組みを頭の中で理解し脱出方法を考えついたなどということはありえず、何度も試行錯誤を繰り返しているうちに、必要な動作を体で覚えただけだと、ソーンダイクは考えた。

†進化論と心理学

今述べたようにソーンダイクは、動物の学習は頭の中で〝ひらめく〟などというものとはほど遠く、試行錯誤を繰り返し一つ一つの動作を身体で覚えているということだと主張したわけだが、これはなぜなのだろうか。

ご存じのように１８５９年にダーウィンの『種の起源』が出版され、進化論が急速に広まる。進化論を非常に単純化していえばこんな感じではなかろうか。すなわち、人もチンパンジーもサルも犬も猫も、みな元をたどれば同じものに過ぎない。それらが、何万年、何百万年もの時を経るなかで、それぞれの個体、集団レベルで突然変異を起こす。その変異した新たな個体のうちそのときどきの環境に適応できたものだけが生き残る。そうしたことの繰り返しによって生物のさまざまな種ができたのだ、という一つの壮大な仮説だ。

このダーウィンの教えを受けた者の中にジョージ・ロマーニズ（１８４８−１８９４）という人がいた。彼は動物の行動を人間の行動と比較しその能力を研究する「比較心理学」

の創始者とされる。彼は晩年のダーウィンから、動物のさまざまな行動を観察したノートを譲り受けるのだが、それに自分で集めた例を加え、動物は高度な知能を持っているという点からそれらを分析してみせた。

これは著者が考えた例だが、小学生の子どものいるある家庭で1匹の犬を飼っていたとしよう。その犬は毎日午後、子どもが帰宅するころになると玄関先に出て子どもを待っていた。ときには、近所の犬を連れた人が家の前を通ると猛烈に吠えて、その人や犬を追い払うこともあった。この犬の行動はどう解釈できるだろうか。

(1) 犬は自分の飼い主宅の子どもの安全を考慮して玄関先で見張りをし、不審人物や子どもに危害を加えそうな他の犬は追い払うなど、日々防犯に努めている。

(2) 犬は日が少し陰る午後の時刻になると退屈して誰かにじゃれつきたくなるので子どもを待っている。犬を連れた他人に吠えるのは、犬が一般的にもっている縄張りを守ろうとする反応にすぎない。

今日、ほとんどの人は(2)の解釈を採るはずだ。ところが、進化論が流行していた19世紀の後半、ロマーニズのような動物の行動を研究していた人たちの間では行き過ぎた擬人化が行われ、(1)のような解釈が行われることもあったのである。

この状況に批判的だったのが、ロマーニズの弟子でもあったロイド・モーガン（1852—1936）だ。モーガンは動物の行動を観察するに際し、「ある行為の結果が、低い段階の心的能力によって説明可能な場合、それより高度な心的能力によるものと解釈してはならない」という原則を定め、自らも実行した。この原則はモーガンの公準と呼ばれ、進化論をバックに人間の行動を研究する心理学者たちに広く受け入れられた。実は、このソーンダイクの実験も、このような文脈のなかで動物の知能がどれほどのものかをできるだけ科学的に明らかにすることを目的に行われたものだ。だから、当然のことながら、猫の学習能力についても控えめに解釈せざるを得なかったのである。

このように試行錯誤に重きを置き、できるだけ思考や判断などを介さずに学習を考える流れは、やがて次章で扱うゲシュタルト心理学の洞察を中心とした学習論と真っ向から対立することになる。

さて、心理学の過去をひもといてゆく際、ソーンダイクの実験と並んで必ず取り上げられるもう一つの動物実験の話を次にしよう。

実験2 パヴロフの条件づけ――餌がなくてもよだれが出るのはなぜか

条件づけは、条件反射ともいわれる。では、条件反射の〝反射〟とはそもそも何だろうか。反射とは医学や生物学、あるいは心理学の領域では、外からの特定の刺激に対してほとんど意識せずに起こる反応をさす。たとえば、足の膝の部分を小さなハンマーで叩くと足が持ち上がる反応（膝蓋腱反射）が脚気《かっけ》（ビタミンB_1の不足によって生ずる病気）の検査としてよく行われるのはご存じの読者も多いだろう。

パヴロフの実験の前提となっている唾液の反射もこのようなものである。

犬の口に食べ物を入れてみる。すると、唾液腺から口腔内に唾液が出てくる。これは物質が口腔内の粘膜に触れたとき反応する無意識的な反射だ。ところがパヴロフによれば、「それ以外にも、同じ物質が犬から離れたところにおかれていて、犬に眼と鼻だけで作用するような場合でも同じ分泌反応をひきおこすことがある。それだけでなく、犬のまえに以前こうした物質を口に入れた容器がおかれているだけでも同じ反応があらわれる。さらに言うならば、同じことが、普通これらの物を運ぶ人間の姿を見ただけで、あるいは他の部屋からその人の足音が聞こえただけでもおこる」(2)ようになってきた。

そこで、パヴロフは次のような実験を行ってみた。まず、図1-3のように犬の口にチ

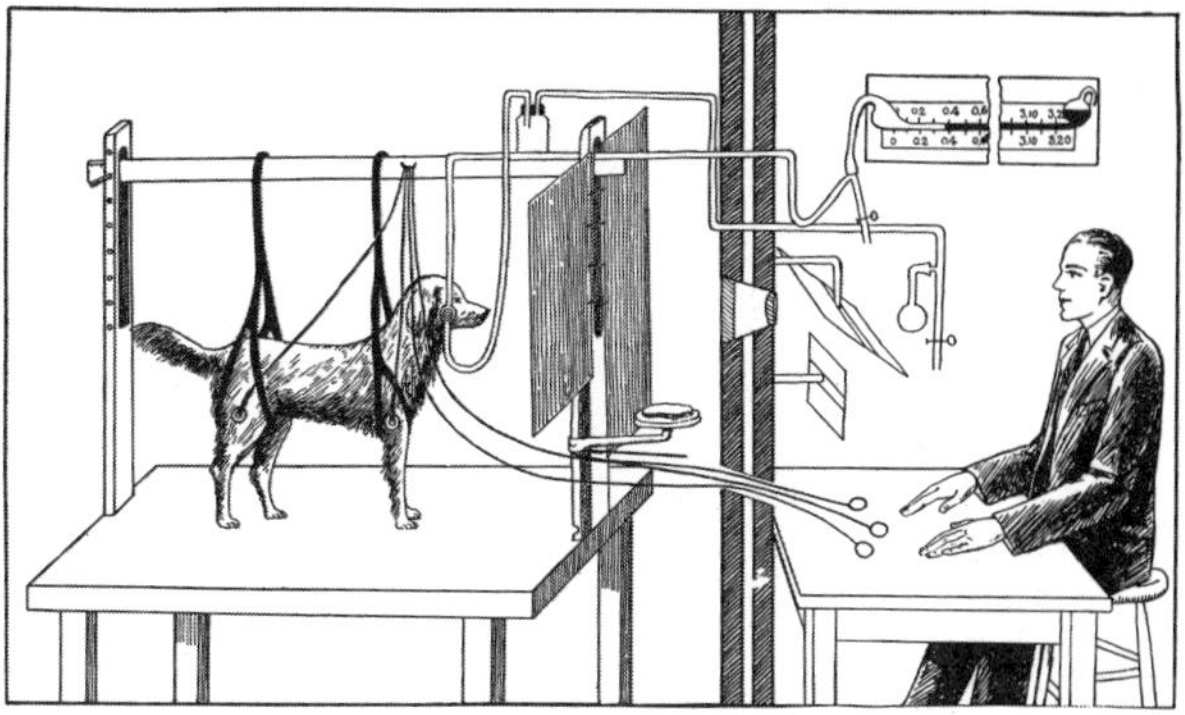

図1-3　パヴロフの古典的条件づけの実験の様子

ューブを差し込んで唾液が採取できるように装置に固定する。

はじめに、犬に餌を与えてみる。唾液が出る。これ自体は何ということもない、当たり前のことである。次に、まずメトロノームをカチカチと鳴らしてみる。犬は「おや、なんだ」というようなそぶりを見せるが、とくに大きな変化はない。今度は餌を目の前に出す。犬は当然、唾液を出す。「この手続きを何度かくり返すとメトロノームが鳴っただけで唾液分泌とそれに対応する運動をひきおこすようになった」（邦訳上巻、51ページ）。

この仕組みを図にしたのが図1-4である。

パヴロフはこの条件反射が成立する条件として、(1)餌とメトロノーム音の提示は時間的にほぼ同時かできればメトロノーム音が少し先であること、(2)メトロノーム音でなくとも他の音や光、においなど、

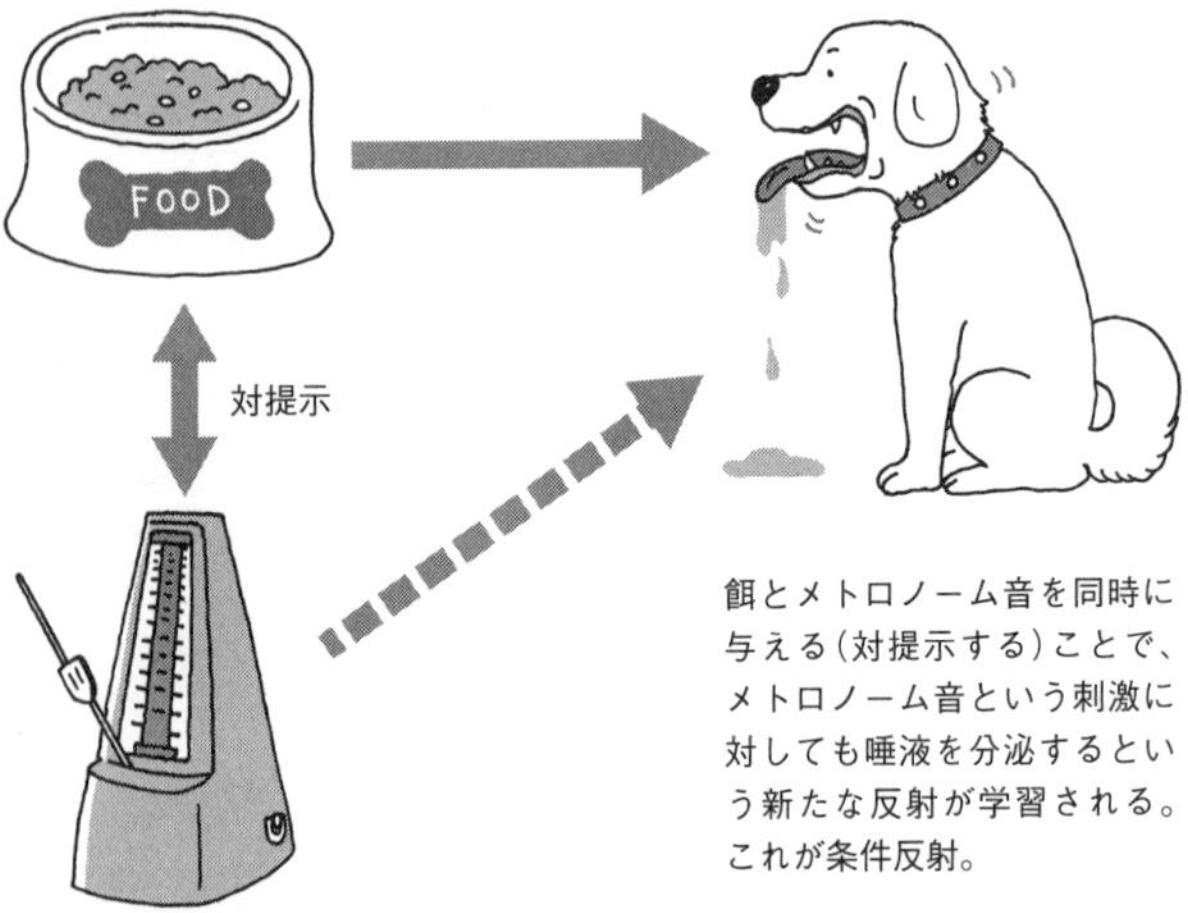

餌とメトロノーム音を同時に与える（対提示する）ことで、メトロノーム音という刺激に対しても唾液を分泌するという新たな反射が学習される。これが条件反射。

図1-4　条件反射が成立する仕組み

動物が「おや何だ」と思う程度の強さの刺激であれば何でもよいこと、を挙げている。

ご存じの方もいるかもしれないが、実はイワン・パヴロフ（1849―1936）はロシア人の生理学者であり、心理学者ではなかった。パヴロフの一番の関心事は条件反射と脳の関係にあった。彼は、こうした条件づけの研究を行う一方で、犬の脳のさまざまな部分を破壊したり切除したりして、その結果、いろいろな反射が消失したり亢《こう》進《しん》することなどにも関心を持っていた。

つまり、彼は心の働きを直接、脳や神経に関係づけようとする一元論者であった。これは、心理学者の多くが、心（＝意識）の世界の独自の働きを認める二元論者であったこととは決定的に異なる点であったといってよいかもしれない。パヴロフをはじめロシアの研究者はどちらかというと一元論的な立場をとる者が多いが、これはロシアの思想の伝統でもあった。ちょうどパヴロフが生きた時代、ロシアは前近代的なロマノフ朝の支配から唯物論を思想的原理とするソビエトに体制が生まれ変わる。もちろん、研究中毒だったパヴロフにとって政治など関心の外であったが、根の部分では、彼もロシア・ソビエトの伝統の中にあったのである。

†行動主義の心理学

20世紀に入ると、ソーンダイクらの研究が知られてゆくにつれて、心理学で動物実験を行うことはごく当たり前になってきた。そうすると、そもそも心理学とはいったい何なのかという根本的な疑問が出てきた。というのも、口のきけない動物に「あなたは、今、どう考えましたか」「心の中で何を思いましたか」と聞くわけにいかないからである。結局できるのは、外から見た行動や態度で判断することしかない。そんなことから「心理学は心を研究する学問ではなく、行動や態度を研究する学問なのではないか」という声が次第に上がるようになってきていた。

そんな折、1913年、アメリカ、ジョンズ・ホプキンス大学の若い教授であったジョン・B・ワトソン（1878―1958）が「行動主義者の見た心理学」という論文を発表

する。(3)

それによれば、心理学は、自然科学のなかの純粋で客観的な実験的領域の一つであり、その理論的な目的は行動を予測し、コントロールすることにあるという。そして、まずヴント以来実験心理学の主要な方法であった内観法（実験を受けた者が自分の心の中で起こったことを口頭で報告し、それをもとに研究すること。序章参照）への批判が展開される。

心理学では、内観によって意識内で起こっている心理的な現象を報告してもらい、それをデータにして研究を進めている。しかし、意識内の出来事は本人以外には直接は知りえないものである。極端に言えば、被験者（実験の対象者）が自分に都合の良いように嘘をついていても、心理学者にはわからない。そうなると心理学者は事実とは言えないデータをもとに研究を進めるしかない。

ところが、科学というものは客観的なデータを得て、中立的な立場から研究することを標榜《ひょうぼう》してきた。心理学が科学の一分野であり続けたいのであれば、客観性・中立性が保証されるような方法を用いなくてはならないが、現時点でそれはできていない。それはなぜであろうか。

実は問題は、心理学は心や意識を研究する学であるという定義自体にかかわっている。そもそも、人は誰も心の中で起こっていることを直接目で見て、耳で聞くことなどできない。しかし、それでも人は、なんとなく他人の心の中で起こっていることをわかったつもりになっている。それは、人は自分以外の相手の行動や態度を見たり聞いたりして、そこから心の中で起こっていることを間接的に推測することで心について知ることができるからである。これは根本的な問題で、どれほど観察眼がすぐれている人でも他人の心の中を直接的に見ることは絶対にできない。

このように考えてゆくと、内観法によって心の中で起こっていることを報告してもらうという心理学の方法はかなり無理があることがわかる。

一方、比較心理学では動物の行動を研究することが行われてきた。しかし、動物実験に従事してきたワトソンは「動物心理学は人間の心理学に対してどのような意味があるのか」と問われ、答えに窮することが多かったという。当時の比較心理学では適当な基準を設けて、それをもとに意識の進化のレベルを仮定していた。これに対し、ワトソンは、そもそも意識を仮定してもしなくてもその動物の実験から得られる事実には何ら変わりはなく、それを意識と関連づけようとすること自体に無理がある、と考えていた。

では、心理学はどのように研究されるべきなのであろうか。ワトソンは、統制された実験方法で行動を研究するという動物実験の方法をそのまま人にも適用し、それに徹すべきであると主張する。内観という方法は捨て去り、意識のような摑みどころのないものも取り上げない。統制のとれた実験によって客観的に観察可能な行動のみを研究するのである。

人や動物は外部から何らかの刺激を入力するとそれに対して反応（つまり、行動）する機械のようなものである。だから、この刺激に対する反応（行動）の関係を一つ一つ解明してゆけば、人や動物の行動を予測しコントロールすることもできるというのである。心理学は、これまで医療や教育や法律といった応用的場面であまり役に立ってこなかったが、このようにして行動を予測し、コントロールすることが可能になれば、そうした実用的な価値も出てくる。そうすれば、心理学は、意識をめぐって意味のない論争を繰り返すことなく、十分に意味のある学問になりうるというのである。

ワトソンのこのような考え方は、もちろん反発も受けたが、意識をめぐる不毛な論争より心理学の実用性に価値を見いだしたアメリカの心理学者を中心に、瞬く間に広まっていった。

†環境主義と条件づけ

ワトソンの考える心理学の目的は、「ある刺激を人や動物に入力したときどのような行動が返ってくるかを予測する」ことだった。心の中でどのように感じ、思い、判断し、決断したかは問題にはならなかった。しかし、少し考えればわかることだが、誰にでももともと生まれついた個性や適性、能力差などはある。そういった個性、適性、能力差などは、外から取り入れた刺激を処理して反応として出力するに際し、何らかの影響を及ぼしているはずである。つまり、出力される反応には個人差があるはずである。だが、外から入力された刺激をもとに出力される反応を予測することこそが心理学の目的だと述べてしまったワトソンにとって、これは誠に都合が悪い。個人差は予測の誤差を生むものだから、できればなくなってほしいのである。

そのようなこともあり、ワトソンやその考え方を支持する心理学者たちは、次第に、人間や動物には生まれつきの個体差などない、という立場をとるようになった。ワトソンは著書のなかで次のように述べている。(4)「わたしに、体格のよい健康な1ダースの赤ん坊と、彼らが育つためにわたし自身が自由にできる環境を与えてほしい。そうすれば、そのうちの一人を訓練して、その子の祖先の才能、能力、趣味、職業、人種がどうだろうと、わたしが選んだどんな専門家にでもしてみせよう——医師、法律家、芸術家、大商人、そして、乞食や泥棒さえも」。彼は、生まれつきの能力差など認めるつもりはまったくなかったのだ。

このようなワトソンや行動主義の心理学者にとって重要な武器になったのが、ソーンダイクの問題箱の実験やパヴロフの条件反射の実験であった。これらはいずれも、人や動物が外的な刺激を受けて新しい反応や行動を身につけ、学習するプロセスを説明するものだったからである。白紙の心をもって生まれた子どもが条件づけによって行動を身につけてゆくプロセスが解明できれば、原理的には、すべての行動が予測可能になるというのである。そして、ソーンダイクやパヴロフの実験は1920年代から1930年代にかけて条件づけという名称でひとまとまりの概念として扱われるようになる。パヴロフの条件づけは古典的条件づけ、ソーンダイクの条件づけは道具的（のちにオペラント）条件づけという名称で呼ばれることが一般的だ。

実験3 ワトソンの男児アルバートの条件づけ――恐怖は学習される

前述のようにワトソンは、人間の心は生まれたときはほぼ白紙状態であり、すべては条件づけを通して身につけるものだと考えていた。感情についても生まれつき備わっているのは怒り、恐れ、愛情という基本的な三つだけで、それ以外の複雑な感情は、生後、そのときどきにすべて条件づけによって獲得されたものという立場をとった。

それを実証するために行われたのが、このアルバート（仮名）という11か月の男児を対象とした実験だった。以下、実験のおもな流れを適宜まとめたものを記す(5)。

9か月齢
実験のおよそ2か月前、アルバートは、シロネズミ、ウサギ、犬、サルや仮面などを見せられ、これらに対し恐怖を示さないことを確認した。また、このころ長さ1メートルはある鉄の棒をアルバートの後ろにつるし、それをハンマーで叩いて大きな音を鳴らした。このとき、アルバートの口がゆがみ震え、叫ぶなどの恐怖を示す反応が生じた。

11か月3日
実験は11か月齢からはじめられた。
(1) シロネズミが提示された。アルバートは手を出し触ろうとするが、すぐに後ろで鉄棒が叩かれ大きな音が鳴らされた。アルバートは驚き、飛び上がって倒れた。
(2) 再びネズミに触ろうとしたとき、また鉄棒が叩かれ、大きな音が鳴らされた。アルバートは倒れて泣いた。

11か月10日
(1) ネズミが現れると、アルバートは体をこわばらせた。近くに来ると手を伸ばすが、ネズミの鼻があたると手を引いた。次に積み木を与える。アルバートは積み木では静かに

図1－5　アルバートの反応の仕組み

遊んだ。

(2)　ネズミと鉄棒を叩く音を一緒に提示。アルバートは驚いて、倒れる。

(3)　同じくネズミと音を一緒に提示する。アルバートはネズミから逃げようとする。

(4)　上の(3)と同じ手続きを実施。同じような反応を見せる。

(5)　突然、ネズミだけを見せる。アルバートは泣き出し、ネズミから逃れようとする。(以下略)

以上の実験をまとめると、こういうことになるだろう。アルバートは初めシロネズミを怖がらなかったが、鉄棒を叩くことによる不快な騒音と一緒にネズミを繰り返し提示していると、やがてネズミを見ただけで恐怖をいだくようになる。図1-5にその流れを表した。お気づきの方も多いと思うが、これは32ページのパヴロフの条件づけとまったく同じ構造であることがわかる。つまり、ワトソンはこの実験によって人がさまざまな感情を条件づけによって学習することを示したかったのである。

実は、ワトソンの実験はさらに続いた。やがてアルバートはネズミだけでなく、ウサギや毛皮のコートなどに対しても恐怖心を示すようになったという。

なお、最後に一言つけ加えておくが、この実験はおよそ100年前に行われたものである。このような実験は、現在では倫理上の観点から実施が認められていない。

第2章 ゲシュタルトと心理学

†ゲシュタルト崩壊?!

近頃、〝ゲシュタルト崩壊〟という言葉を日常生活で聞くことが増えてきた。どうやら、精神的な疲労やショック、あるいは極度の退屈から認知機能が低下し、普段なら難なく読める文章や文字がバラバラに見えたり、相手の話す言葉が単語レベルのコマ切れのように聞こえて意味がとれなくなったりする状態を指して「ゲシュタルト崩壊」と呼んでいるらしい。

しかし、これは誤用である。ゲシュタルト崩壊とは、図形などを最初に見たときにはそれが何であるか知覚できたにもかかわらず、一定時間以上注視し続けると同じパターンをもった形態などを認知する能力が低下してしまう現象をさす。以下の例は二瀬による もの(1)だが、わかりやすいのでそのまま引用する。

ある特定の漢字たとえば「貯」(以降、注視漢字と呼ぶ)を長時間(約25秒間)見続けたあと(中略)注視漢字と同じ漢字「貯」や同じ構造をもつ漢字「訴」が提示された場合には、それらの認知反応時間が遅れることが示されています。これに対して、一部分が同じでも構造が異なる漢字「賃」や読みだけが同じ漢字「著」が提示された場合にはこのような反応時間の遅延は生じないのです。

この現象は、そのとき提示された特定のパターンをもった刺激（右の例なら漢字）に対してのみ起こる。だから、長時間パソコン画面を眺め続けたことによる目の疲労とか、極度の精神的なストレスによる認知機能の低下といったようなものが原因ではないとされる。普段の会話で、「長時間の会議で集中力が低下して、資料を読もうとしたらゲシュタルト崩壊が起こってしまって何も頭に入らない」というような使い方は正しくないのである。

では、ゲシュタルト崩壊とは、いったいなぜ起こるのだろうか。また、そもそもゲシュタルトとはどのようなものなのだろうか。

この章では、このゲシュタルトをキーワードに、それにかかわる心理学実験について見てゆく。まずは、1912年にマックス・ウェルトハイマー（1880—1943）が行った実験[2]から見ていこう。

実験4　ウェルトハイマーの運動視の研究——線分が動いて見えるのはなぜか

20世紀の初めごろ、ゾエトローペという玩具が流行した（図2-1）。内側に絵が描かれた環のようなものを回転させるのだが、そのとき環の内側を細い隙間からのぞくと、描かれた絵がアニメーションのように動いて見えるものである。ウェルトハイマーは、これをヒントにこの実験を思い立ったという。

1・5センチ×8・7センチの2本の白い線分（AとB）が黒い背景のスクリーンに45度の角度で提示されるようになっている（図2-2）。まず、真っ黒な状態でAをごく短い時間だけ光らせ消す。そして、次にBを同じあいだだけ光らせ消す。これをすばやく繰り返してゆくとどのように見えるであろうか。

図2-1　ゾエトローペ

ウェルトハイマーによると、Aが消えてからBがつくまでの時間が30ミリ秒程度のときは二つの線分はずっと同時に光ったままに見えるという。一方、少し長めの200ミリ秒くらいになるとAがついては消え、Bがつきそして消えるというように、実際に提示した通りに見える。ところが、これが中間の60ミリ秒くらいになると、不思議なことが起こる。AからBに線分が倒れたり起き上がったり、ちょうど車のフロントガラスのワイパーのように動いて見えるというのだ。

これは運動視といわれる現象である。このような現象自体は当時も知られていたし、そもそもその原理を応用した玩具があったくらいだから、特段、大発見などというほどのものでもなかった。ただ、ウェルトハイマーは、これを説明しようと試みた当時の心理学説に反論を加えてみせる。

たとえば、眼球運動説。運動視は眼球が線分の点滅を追って動くときの感覚が視覚に同期して知覚されるのではないかという説があった。これに対してウェルトハイマーは、一連の流れが10分の1秒以下で終わってしまい、眼球の動きがとうてい追いつかないような時間間隔に設定して実験をしてみても、やはり運動視が見られることを確認している。また、ある線分が消えて近くに同じ線分が再び見えたということから後者は前者が移動したものだという推定が瞬時に行われ、AからBへの移動が知覚されるのではないかという説もあった。これに対しても、2本の線分があることを知っているかどうかにかかわらず、運動視が見られることなどから反論している。

このようにウェルトハイマーは、さまざまな時間間隔や図形を使った実験を繰り返し、当時、運動視に対して出されていたいくつかの解釈をつぶしていった。

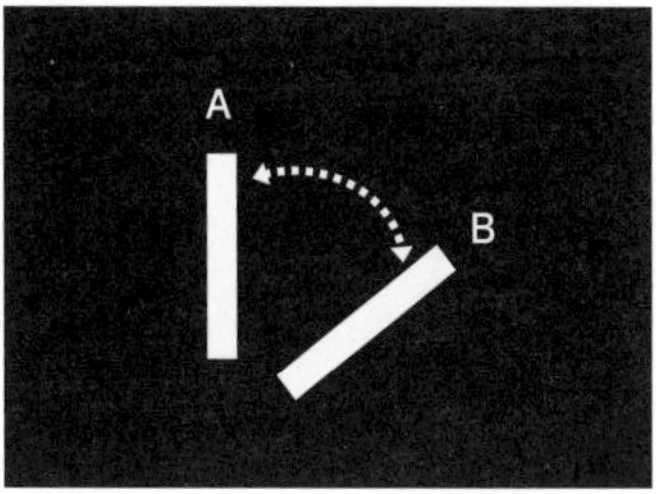

図2-2　ウェルトハイマーの実験

では、彼はそこで何を主張したかったのであろうか。それは、この線分が移動して見えるという現象は、脳内の知覚プロセスでAとBとを相互に必然的に結びつけるような法則性をもった働きがあり、それによって見えるものだという説だ。このAとBを相互に必然的に結びつけるような法則性こそが、ゲシュタルトというものである。

図2-3　カニッツァの三角形

ゲシュタルトの法則

ゲシュタルトという用語はドイツ語で、あえて訳せば「形態」というほどの意味である。ただ、今述べたウェルトハイマーの息子で、アメリカ・コロラド大学の心理学教授をつとめたマイケル・ウェルトハイマーでさえも、ゲシュタルトというドイツ語にうまくあてはまる英語はないと言っているくらいだから、そのままゲシュタルトといえばよいのだろう。

図2-3を見てほしい。これはイタリアの心理学者ガエタノ・カニッツァ（1913—1993）が1955年に発表した有名な錯視（錯覚のこと）図形で、ご存じの方も多いだろう。白い三角形が見えるが、実はこれはほかの図形の切れ込みなどから浮かび上がって見えるだけで、三角形としてはどこにも描かれていない。なぜ三角形が見えるのかを一言で

説明するのは難しいのだが、人は外的な世界を知覚するに際して、いちいち意識して考えて判断する前に全体をぱっと大づかみに捉えて認知するような仕組みを生まれつき持っていると考えるとわかりやすいだろう。そのような全体を大づかみに捉えて認知する際に働く法則をゲシュタルトの法則という。そして、そのようなゲシュタルトの法則を基本原理として人間の意識の働きを理解しようという立場をとる一連の心理学の流れをゲシュタルト心理学と呼ぶ。

ゲシュタルト心理学は、ふつう、前述のウェルトハイマーの1912年の実験から始まったとされる。

†ゲシュタルト心理学の認識論

序章で紹介したようにヴントによって実験心理学が創始されたのは1879年である。だから、ゲシュタルト心理学はヴントに遅れることおよそ三十余年で生まれた、当時としては新しい心理学の学派ということになる。

では、ウェルトハイマーのはじめたゲシュタルト心理学はヴントの心理学とどこが異なっていたのだろうか。

著者は序章で、ヴントなどによる初期の実験心理学は、カントのような哲学者が扱ってきた哲学的なテーマを実験という科学的な手法で解き明かそうとしたときに始まった、と述べた。そして、ヴントの心理学が意識内の出来事を要素レベルに分解し、化学式もどきの原理で説明していたことを紹介した。そのときも述べたが、この化学式もどきの説明を信じている心理学者は今日誰もいない。端的にいって、人が外の世界を認識するときこのような悠長なことをしているはずもないからである。ウェルトハイマーらが人間の知覚プロセスがゲシュタルトの法則にしたがい、もっと大づかみに現象をとらえていると主張したのは、このような当時の心理学に対する批判もあったはずだ。

ただ、それ以上に重要なことがある。それは、ヴントの心理学をはじめとした初期の実験心理学が拠って立っていた認識論が十分に練られたものではなかったということだ。ヴントの心理学は、外の世界は疑いなく存在していて人の知覚や意識はそれを正確にそのまま認識できるという素朴な認識論に立っていたのだ。

これに対して、ゲシュタルト心理学の創始者ウェルトハイマーは（自身はそこまではっきり述べていないが）、人の認識はあくまで相対的なもので、本質的には自然科学的な外的世界もその相対的な世界観の中でしかとらえることができない、という立場に立っていたと思われる。

それは、ウェルトハイマー自身が学生時代、物理学者・心理学者でアインシュタインの相対性理論とのかかわりも深いエルンスト・マッハ（１８３８―１９１６）の影響を受けていたことからもわかる（ところで、今日、航空機やロケットの速さをマッハという単位で表現するのもこのマッハに由来する。ちなみにマッハ１というのは音と同じ速さということだ。音の速さは温度などの要因によって変化するから、マッハは絶対的な時速何キロというものとは異なり、相対的なものである）。

また、ウェルトハイマーの共同研究者として有名なケーラー（後の実験６参照）とコフカ（１８８６―１９４１）は、ベルリン大学の哲学者・心理学者カール・シュトゥンプ（１８４８―１９３６）の門下生だった。さらに、シュトゥンプは、哲学者で現象学の創始者エトムント・フッサール（１８５９―１９３８）の師でもあった（とはいえ、木田元によれば[3]フッサール自身はゲシュタルト心理学者の認識論に対しては、実はあまり好意的ではなかったようだが）。こうした背景から見ても、彼らがヴントをはじめとした初期の実験心理学者たちのやや粗雑な認識論に不満を持っていたとしても、不思議ではない。

さて、このようなゲシュタルト心理学者たちはどちらかというと人の心の働き（とくに彼らが基本的な枠組みとみなしていたゲシュタルトの法則）は、生まれつき人が備えているものと考えていたようだ。これは、序章で紹介したヘルムホルツが、空間の奥行きを無意識的に推論する人間の能力が自然に学習されたものと考えていたことや、第１章で取り上げた行動主義者ワトソンが、すべての行動は外からの刺激を受けて学習されたものであると考えていたことと対照的であるともいえる。

実験5 ゴットシャルトの埋め込まれた図形の実験――経験は役に立たない

この実験は、クルト・ゴットシャルト（1902―1991）によって行われた[4]。彼は多くのゲシュタルト心理学者がナチス政権下にアメリカなどへ脱出をはかる中、ドイツに留まったため、その後のドイツの心理学の衰退もあり、今日ではあまり知られていない。しかし、彼のこの実験は、ゲシュタルトの法則が生まれつきのものであるととらえ、人間の学習に否定的な見方を示したものとして歴史的価値を有する。

まず、11名の被験者を対象にして、図形aを被験者に見せる。実はこのとき二つの条件がある。一つめは、図形aを3秒間隔で3回だけしか見せなかった条件（事前経験なし条件）で3人の被験者がこの群に割り当てられた。もう一つの条件（事前経験あり条件）には残りの8人が割り当てられたが、同じく3秒間隔で520回ほどこの図形aを見せた。なお、図形aの提示時間はいずれの条件でも1回あたり1秒である。

この後、被験者は数種ある図形bを見せられた。このとき「その絵を見て何か気づいたことがあれば言ってください」と言われたという。図をよく見ていただければわかるが、図形bの中には初めに見せた図形aが埋め込まれているのだ（図2-4）。ただ、一瞬見ただけではわかりにくい。しかし、もし、先行経験から影響を受けている（つまり、なにがしかのものを学習している）のであれば、事前に520回も図形aを見せられた8人は、図形bの中に図形aが埋め込まれていることに気づく可能性が高くなるはずである。

図形aは5種類ありそれぞれに対応する図形bは6種類ずつあるが、各被験者は5種類（図形a）×6（図形b）＝30試行ずつ実施された（なお、正確には一部の被験者は図形bが7種類あったので31施行）。したがって、全試行数は事前経験なし条件が3人で92例、事前経験あり条件が8人で242例ということになる。

結果は、表2-1に示した通りである。事前経験あり条件の被験者は、実験の前半で520回も図形aを見せられておそらく相当に見慣れていたはずだが、実験の後半で出された図形bの中に図形aが埋め込まれていることに気づきやすくなるといったことは、まったくなかったといってよい。事前経験なし条件の被験者と、ほとんど結果が変わらないのである。

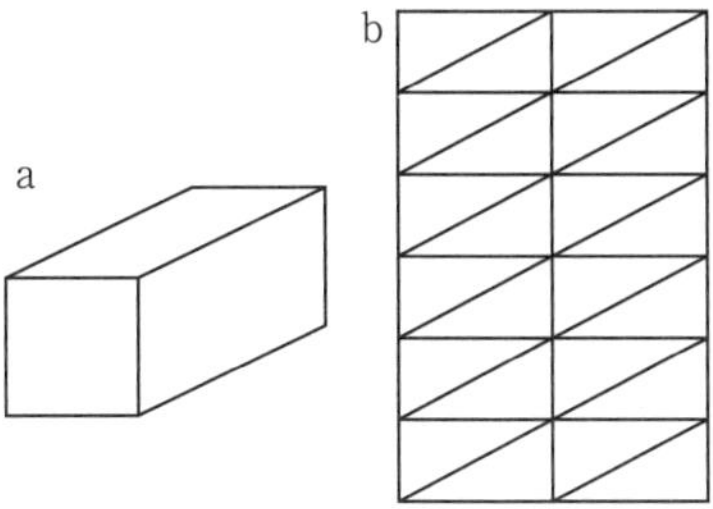

図2-4　図形aとb

表2-1　ゴットシャルトの実験結果

	事前経験なし条件（92試行）	事前経験あり条件（242試行）
図形ａを認めた、もしくは、あることを推測した	6.6%	5.0%
図形ａの影響はなかった	93.4%	95.0%

図形ｂのような全体がひとまとまりとして知覚されるような場では、その中の個別の刺激（つまり、図形ａ）について経験の積み重ねがあっても、それが全体に何かしらの影響を与えることはないのである。

この実験をはじめとしたいくつかの実験結果からゴットシャルトは、人は毎日の生活の中でさまざまなことを学習し成長しているのではなく、遺伝的に組み込まれたものが発現したものと考えていたようだ。

†洞察による学習

ただし、ゲシュタルト心理学者が学習に対して完全に否定的であったかというとそういうわけではない。むしろ、ソーンダイク、そしてワトソンの流れを汲む行動主義の心理学者たちの学習論と対立するようなもう一つの学習論を展開したというほうが正しい。

第1章で紹介したソーンダイクの主張をもう一度確認しておきたい。それは、猫が問題箱からペダルを踏んでドアを開けて外に出るプロセスはすべて試行錯誤によるもので、猫がドアの開け方をひらめいたというようなことはない、というものだった。

ゲシュタルト心理学者は、この試行錯誤説に対し、洞察による学習という考え方を提起した。繰り返しになるが、ゲシュタルト心理学は人（や動物）が自分の置かれた状況（場）をゲシュタルトの法則にしたがって大づかみに知覚するというプロセスを重視している。そして、学習もこの場の知覚から説明する。ゲシュタルト心理学者によれば、洞察とは現在の場の知覚を再構成し、新たな場の知覚を行うことなのだという。

たとえば、ある困難な状況に置かれ先に進めず困っていたとする。その時点ではいくつもの打開策を考えるものの、決定的な解決法は見つからない。ところが、一定時間考えたのち、きっかけはさまざまだが、突然それまで気にかけていたことが些細なことに見え、逆に気づかなかった重要なポイントが見えてきて、全体に対する見方がガラッと一変してしまうような経験をしたことはないだろうか。そして、それに伴って今までは思いもよらなかった打開策が思い浮かんでくる。これが、洞察が働き自分の置かれた状況の再構成が行われたということであり、ゲシュタルト心理学における学習なのである。この洞察による学習の概念を有名にしたケーラーの実験[5]を次に紹介しよう。

実験6 ケーラーの知恵実験——チンパンジーはどこまで考えるのか

ウェルトハイマーの共同研究者でもあり、ゲシュタルト心理学の理論的な支柱の一人だったケーラー（1887―1967）は、1913年から1920年までの7年間、大西洋のカナリア諸島テネリフェ島にあったチンパンジー研究所に滞在し、チンパンジーを対象にしたさまざまな学習実験を行った。

この中では、天井近くにつるされ手の届かない餌（バナナ）を取るためにチンパンジーが木の箱を積み重ねて踏み台にすることを洞察するに至った事例を報告した研究がよく知られている。

2月8日

「餌は非常に高く取り付ける。大小二つの箱は互いにそんなに離さずに、餌からは約四メートル離れている。ほかの道具は一切取り除いてある。ズルタン〔チンパンジーの名前〕は箱の大きい方を餌の下まで曳きずってきた。平らに餌の下に据え、上を見上げ、その上に立って跳躍の身構えをしたが、実際には跳ばない。下りてもう一方の箱を摑み、それを背後に曳きずりながら、部屋中を駆けめぐり、いつもの大騒ぎをし、（中略）心中の不満を吐露する。確かに彼は最初の箱に積むつもりで、第二の箱を掴んだのではない。箱はただ彼の不満を洩らす方便となったに過ぎない。だが突如として彼の行動は一変する。彼は空騒ぎを中止して、箱を遠くからまっすぐ第一の箱のそばに引張ってきて、直ちにその上に縦に立てた。それから、その（中略）建築物に登り、数回跳ぶ様子を見せたが、今度も跳ばない。餌は跳躍の不得意な彼には、相変らず高すぎるのである」（邦訳、127―128ページ）。

2月21日

「数日前にチカとグランデ（いずれもチンパンジーの名前）は、ズルタンと私から、箱の使用法を伝授されている。ただしまだ二つの箱の扱い方は知っていない。場面はズルタンの実験と同じ。どちらもすぐさま箱を掴んだ。まずチカが、それからグランデが、箱を持って餌の下に立ったが、積み重ねるという兆候は少しも見られない。それに自分の箱にも一度も登らない。登ろうと足だ

図2-5　ケーラーの実験の様子

けは持ち上げるのではあるが、上へ視線を向けるや、再び下ろしてしまう。それからチカもグランデも箱を縦に立てようとしたが、これが偶然でないことは確かで、餌（非常に高い）を見たこととの結果である。眼で距離を目測したことから、この突然のかつ場面によりよく適応した行動の変化がひきおこされたのである。（中略）彼女〔グランデ〕は自分の箱を他方の箱のそばへ曳いて行き、餌を一目見た後、一ふんばりして持ち上げ、下の箱にぎごちなく載せ、すぐさま登ろうとした。しかし登ろうとしたために、上の箱はわきへずりこけた。（中略）グランデもまた原理的には課題を解決している。それで実験者は箱を拾い上げて、下の箱にしっかりと据え、グランデが餌をとる間、支えていてやった」（邦訳、128－129ページ）。

この実験で、チンパンジーは初め二つの箱と餌を一つの知覚の場として把握できていなかった。しかし、それらをより大きな知覚の場として捉えることができたとき、箱を二段重ねして餌をとることができるという洞察が生じることになった。これがゲシュタルト心理学の考えた学習だったのである。また、この洞察こそ、やがて認知とよばれ、心理学の中心テーマとなるものの一部であった。

第3章

行動と認知

†心なき心理学の限界

第1章で紹介した行動主義の心理学の目的は、ある刺激（Stimulus）を人や動物に入力したとき、どのような反応（Response）つまり、行動が出力されるかという刺激―反応の関係を明らかにすることだった。そうすることで、どのような刺激を入力すればどのような反応（行動）が起こるか予測がつくと考えられていたからである。刺激と反応の間にある心の存在やその働きなど考えなくても、行動（反応）の予測がつけばそれでよいと思われていたのである。

しかし、さまざまな実験が行われるなかで、やはり、刺激と反応の間に心の働きを介在させて説明したほうが、適切と思われる研究結果も報告されるようになってきた。次に紹介するエドワード・C・トールマン（1886―1959）の潜在学習の実験はそうした研究の一つとして有名なものである。

実験7 トールマンのネズミの潜在学習の実験――頭の中では学習している

この実験[1]は、行動主義的立場をとる当時の多くの研究者と同様、ネズミを用いて行われ

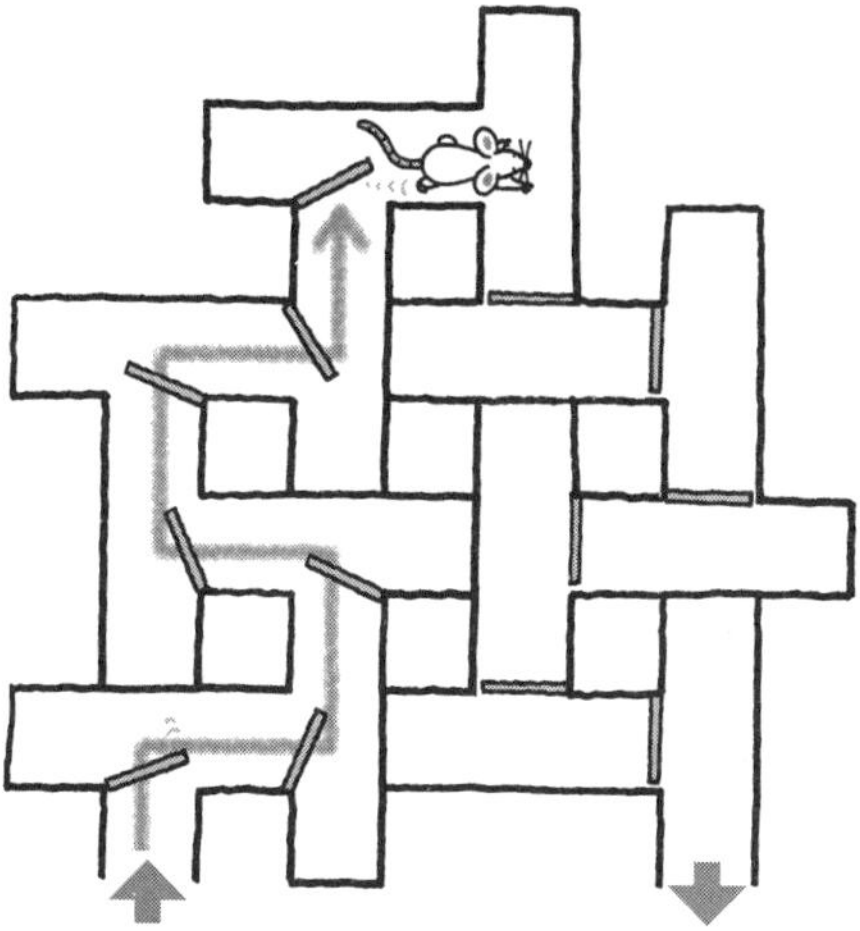

図3-1　ネズミの迷路

た。実験は当時よく用いられていた迷路の学習で、図3-1のような迷路が用いられた。通常、出口に餌が置かれ、入り口にネズミが放たれる。ネズミは一つずつポイントを通過してゆくが、ポイントには一方からしか開かないドアがつけられていて逆戻りはできず、やがてはゴールにたどり着く仕組みになっている。実験は17日間にわたり、ネズミは1日1回ずつこの迷路を走らされた。そして、途中の分岐点で正しい道を選択し、どれだけ早く出口にたどり着けるかが観察された。

　ネズミは三つのグループに分けられた。一つめは、出口に餌が置かれたグループ。このグループのネズミは餌につられて早

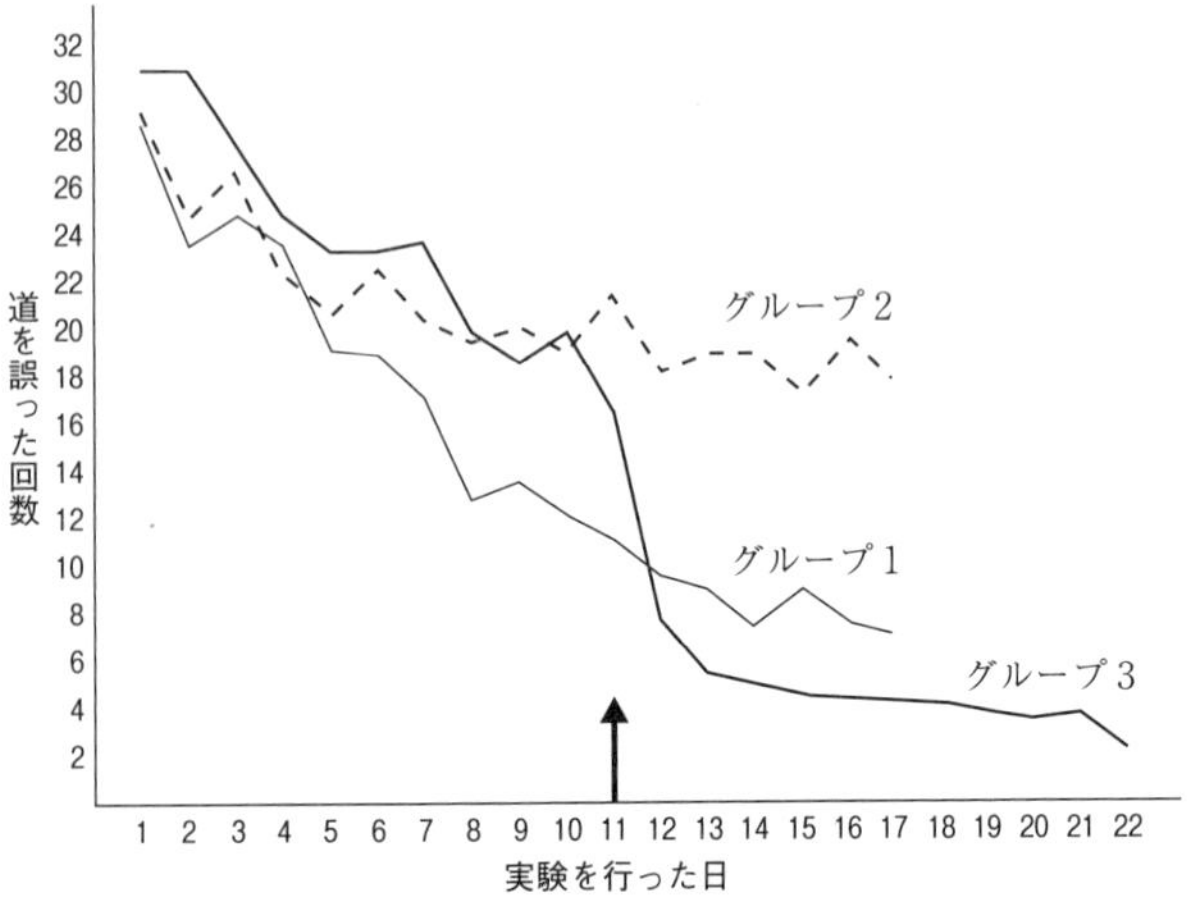

図3－2　ネズミを用いた潜在学習の実験結果

く迷路の道順を学習するはずである。二つめは、出口に餌が置かれていないグループ。積極的に出口に向かう動機はないかもしれないが、上記のように迷路自体が後戻りできない仕組みになっているので、ある程度時間をかければ出口にたどり着く。そして、三つめのグループがこの実験の肝になる部分である。このグループは最初の10日間は出口に餌は置かれていない。つまり、2番めのグループと条件は同じである。ところが、11日目以降は出口に餌が置いてあった。つまり、途中から1番めのグループと同じ条件に切り替えられたのである。

さて、その結果を記したのが図3－2である。

このグラフの横軸は何日目かを、縦軸は

ゴールにたどり着くまで何回道を誤ったかを指している（つまり、数値が低いほど成績がよい）。

餌を与えられたグループ1のネズミが徐々に学習している一方、餌が与えられていないグループのネズミの成績があまり振るわないのは理解できる。問題は、途中で条件を切り替えた三つめのグループである。餌を与えられる以前の10日目までは成績はあまり振るわないが、11日目に餌が与えられた途端に急に成績がよくなり、一つめのグループを凌ぐほどになっている。

これはいったいどうしたことであろうか。トールマンは、餌を与えられていない二つめのグループ、三つめのグループのネズミも実は学習していたと考えた。ところが、その学習は潜在的なもので、行動にはならない。餌を与えられるようになって初めて〝本気を出して〟学習したことが行動レベルに現れてくるのである。このような行動にならない、いってみれば、頭（心）の中にとどまっている学習を潜在学習という。

行動主義の刺激→反応という図式は、外部から観察可能な刺激と反応のみを研究対象とするという基本原則を示している。ところが、この潜在学習を説明しようとすると、刺激や反応だけでは不十分で観測不可能な「心」という部分を仮定しなくてはならない。つまり、刺激→「心」→反応という図式になる。そのように考えると、このトールマンの実験があたえたインパクトの大きさが理解できるのではないかと思う。

心理学ではふつう、この「心」の部分を「認知」といい、認知の仕組みや働きを研究する領域を認知心理学という。トールマンの潜在学習の実験が行われたのは行動主義が心理学の中心になりつつあった1920年だった。しかし、この研究はやがて実験心理学の本流となる認知心理学の先駆けをなすものでもあった。

†認知で何が行われているか

トールマンの潜在学習の実験は、ネズミなどの動物を対象とした研究でも、「刺激→反応」という行動主義の単純な図式では十分でないことを明らかにした。すなわち、刺激と反応の間に介在する「認知」の存在が無視できなくなったのである。これを受けて、研究は二つの流れに分かれて発展してゆくことになる。まず、一つめは、(1)人を対象とした学習の研究である。動物の学習に認知のプロセスが介在しているのであれば、おそらくは動物より複雑な認知プロセスをもつ人間の場合も当然、認知が大きく関与しているだろうという発想に基づくものだ。もう一つは、(2)動物の条件づけの認知論的な研究である。これは、トールマンの実験の方向性をそのまま押し進め、ネズミなどの比較的下等な動物の認知プロセスをできるだけ精緻に解き明かしてゆこうという立場である。

以下、それぞれを代表する研究として、前者からは、(1)バンデューラの観察学習を、後者からは、(2)レスコーラの犬の古典的条件づけの研究を紹介する。

実験8 バンデューラの観察学習の実験——他者の行動から学ぶことはできるか

この実験は、アメリカ・スタンフォード大学のカナダ人心理学者アルバート・バンデューラが1960年代に発表したもので、[2]今日、読み返してみると至極当然のことを実験しているように思えるが、当時としては画期的なものだった。なお、以下に紹介する実験の手続きや結果は煩雑なところを一部簡略化してある。

被験者は4歳児の男女66名。子どもたちは三つのグループに分けられた。そして、5分間ほどの短いフィルム（動画）を見せられた。フィルムの前半は三つのグループの子どものいずれもが同じものを見た。そこにはボボドールと呼ばれる大人の背丈ほどの人形があった。一人の成人がそれを罵倒し、殴り、木づちで頭部を叩くなどの攻撃的な行動を加えているものだった（図3-3）。

この攻撃のシーンの後の場面は三つのグループで異なっていた。まず、一つめのグループが見たフィルムでは、攻撃シーンに続いて別の成人が入ってきた。そして、攻撃行動を加えていたほうの成人は「あなたは強いチャンピオンで、すばらしい攻撃力だ」などと称

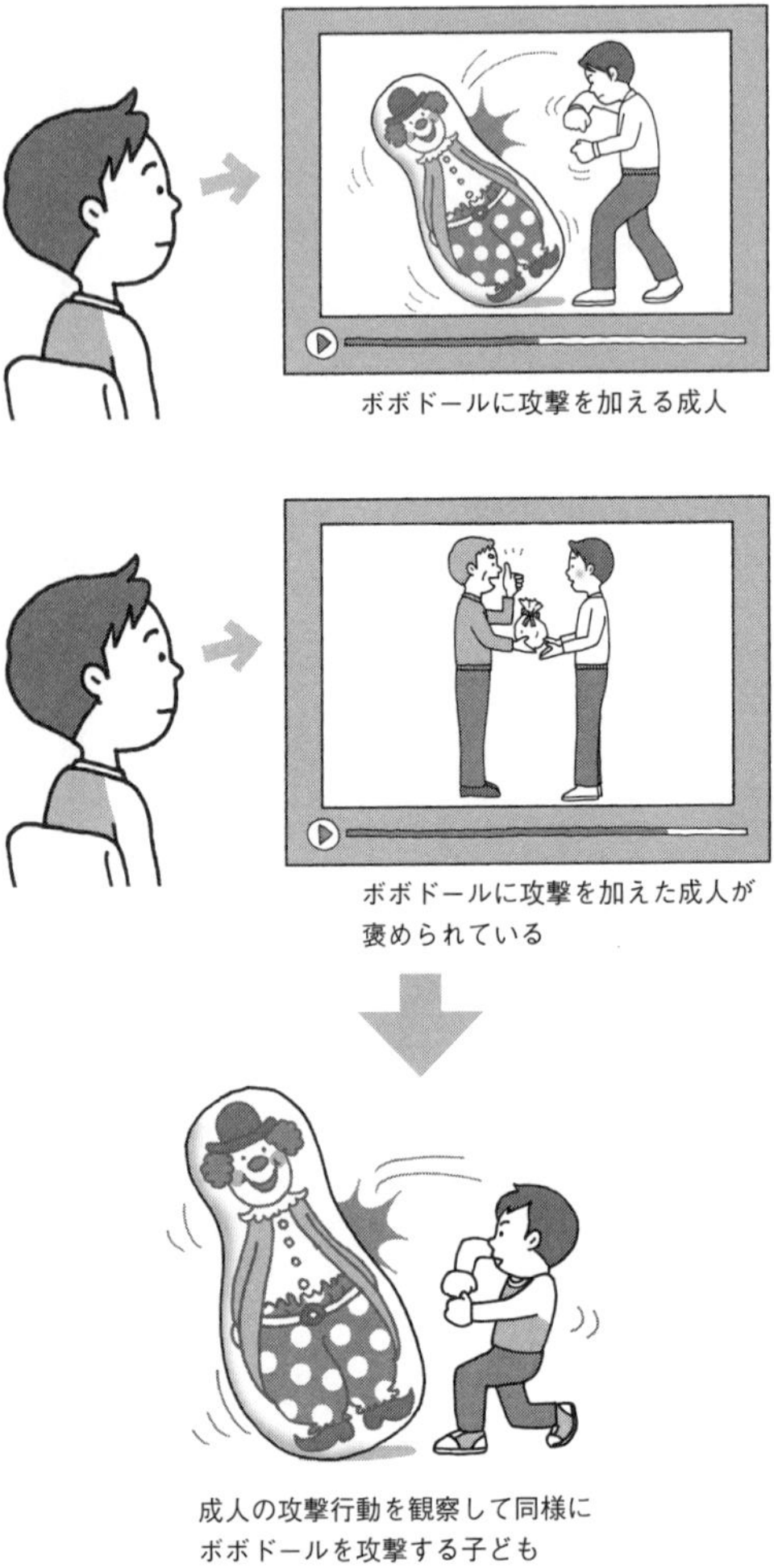
ボボドールに攻撃を加える成人
ボボドールに攻撃を加えた成人が
褒められている
成人の攻撃行動を観察して同様に
ボボドールを攻撃する子ども

図3-3　バンデューラの観察学習の実験の様子

賛され、ジュースや菓子類が与えられていた（報酬条件）。二つめのグループが見たフィルムでは、攻撃シーンに続く場面で入ってきた別の成人が「弱い者をいじめてはいけない。やめなさい。今度同じようなことをしたらただでは済まされないぞ」などとひどく叱る場面が描かれていた（罰条件）。なお、三つめのグループが見たフィルムはこのような賞賛や叱責の場面はとくになかった（比較対照条件）。

その後、子どもたちは別の実験室に連れてゆかれた。そこにはフィルムに映っていたのと同じボボドールのほかいろいろな玩具類が置かれており、そこで自由に遊んでよいと告げられた。その間、実験者は隣の部屋で子どもたちの様子を観察し、子どもに攻撃的な行動が出現するかを記録した。図3-4がこれらの結果をグラフにしたものである。

結果は男女差が大きいが、攻撃行動は多いほうから順番に、報酬条件＞比較対照条件＞罰条件となっている。

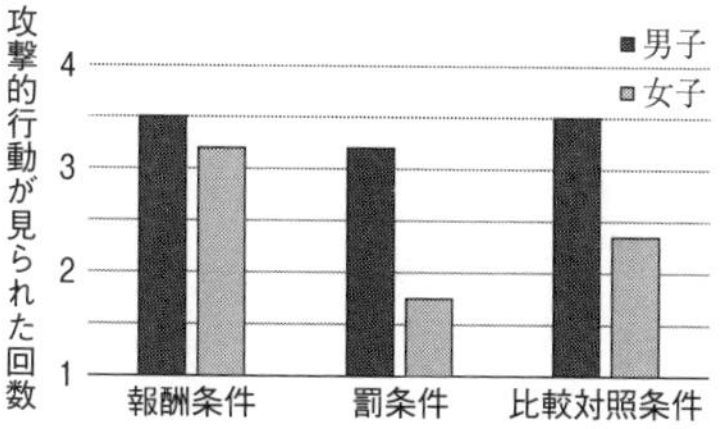

図3-4　観察学習の実験結果

先ほども述べたように、この実験結果を読んでびっくりしたという読者はそれほど多くないように思う。大人のしていることを子どもが真似（模倣）するというのは、日常生活の中でも容易に想像できるからだ。

しかし、行動主義が優勢であったこの時代、この実験結果は強いインパクトを持っていた。なぜかというと、この実験で目的としている攻撃行動の学習が、子ども本人がやってみることも、また報酬や罰を実際に自分で受けることもなく、フィルムの登場人物が代わりに行動し、代わりに報酬や罰を受けるだけで成立してしまったからである。

だが、なぜそのようなことがインパクトを持つことになったのだろうか。それは、行動主義的な立場をとる研究者の多くが動物（それも多くの場合ネズミ）を研究対象にしていたからである。ネズミのような下等な動物の場合、言葉によって指示したり、他の個体の様子を観察し模倣させたりすることが難しく、一部でネズミの模倣行動の実験も行われたりしたが、こうした実験は事実上行えなかった。そのため当時の心理学者たちは、学習とは、〝学習するその個体（人、動物）が自分で実際に試行錯誤し身につけるもの〟という発想しか持ちえなかったのだ。

†学習における認知の重要性

この実験が大きな影響力を持つようになった理由は、もう一つある。それは認知過程の重視である。子どもはフィルム中の大人が人形を攻撃するシーンを観察しただけで、自分も同様の行動をしている。そこには、試行錯誤を繰り返し、身をもって覚える、というような余地はない。観察したものは頭（心）の中に入りそこで処理され、自分の行動に置き換えられるという一連のプロセスを経ているが、それがまさに認知に他ならない。

つまり学習とは、パヴロフの実験でメトロノームの音（刺激）が唾液を出す反応と結びつくというような、刺激と反応とを結びつけるものではないのである。刺激→認知→行動という一連のプロセスを経て形成されるものであり、なかでもとくに認知の部分はとても重要な役割を担っていたのである。

繰り返し述べてきたように、この実験は当たり前のことを示したに過ぎない。しかし、行動主義という小さな窓から外の世界を覗いていた当時の心理学者には、外の世界に広がるごく当たり前の光景が見えていなかったのである。

実験9　レスコーラの犬の古典的条件づけ実験——動物は確率を計算できるか

次にパヴロフの古典的条件づけを認知という観点から見直してみた実験を紹介する。[3] この実験は、20世紀後半の動物の条件づけの認知論的研究をリードしたペンシルバニア大学のロバート・レスコーラ（１９４０—２０２０）によるもので、半世紀以上経った今もその巧みな実験計画はある種の感動すら呼び起こす。

実験の対象者は18匹の犬である。犬はまず、シャトルボックスという実験装置で訓練さ

図3-5　シャトルボックス

れた。これは、図3-5のような装置で左右二つの部屋からなる。犬はこのうちのいずれかの部屋に入れられ、しばらくすると部屋の床に電気ショックが与えられる。犬は恐怖と痛みに耐えられず暴れ出す。このとき犬のすべきことはいたって簡単である。真ん中の柵を乗り越えて床に電気ショックの流れていない隣の部屋に移動すればよいのだ。

さて、しばらくすると、また床から電気ショックが流される。今度は、犬は柵を乗り越えて、もといた部屋に戻ればよい。この電気ショックを与える間隔を10秒に設定する。すると犬はだいたい10秒より少し前くらいになると、電気ショックを予期して隣の部屋に移ることを学習する。ここまでが実験の第一段階である。

次に第二段階であるが、犬は6匹ずつ三つのグループに分けられた。ここで用いた実験装置は一つの部屋からなるもので、電気ショックが来ても隣の部屋に逃げることができない。まず、一つめのグループ（ランダム条件）だが、24回の電気ショックが与えられている間、5秒間の400ヘルツの信号音が24回、電気ショックとはとくに関係なくランダムな間隔で与えられた。なお、このグループで電気ショックと信号音が与えられた間隔は記録され、次の二つめのグループ、三つめのグループで利用される。

さて、二つめのグループ（正の予測条件）であるが、信号音は一つめのグループと同じように提示された。ただし、電気ショックについては、信号音が提示されて30秒以内のタイミングではじまるものだけ与えられ、他は与えられなかった。つまりこの場合、信号音が鳴った場合は30秒以内に電気ショックが来る可能性があるということになる。もちろん、来ない場合もあるが、とにかく信号音が電気ショックを予測する手がかりになる。

最後は三つめのグループ（負の予測条件）である。やはり信号音は一つめのグループと同じように提示された。しかし、今度は電気ショックは二つめのグループと逆の設定になっており、信号音が鳴ってから30秒以内のものは除去され、30秒経過後に与えられる電気ショックだけ残された。つまり、このグループの場合、信号音が鳴ったときは30秒間は電気ショックは来ないので安心できるのである。

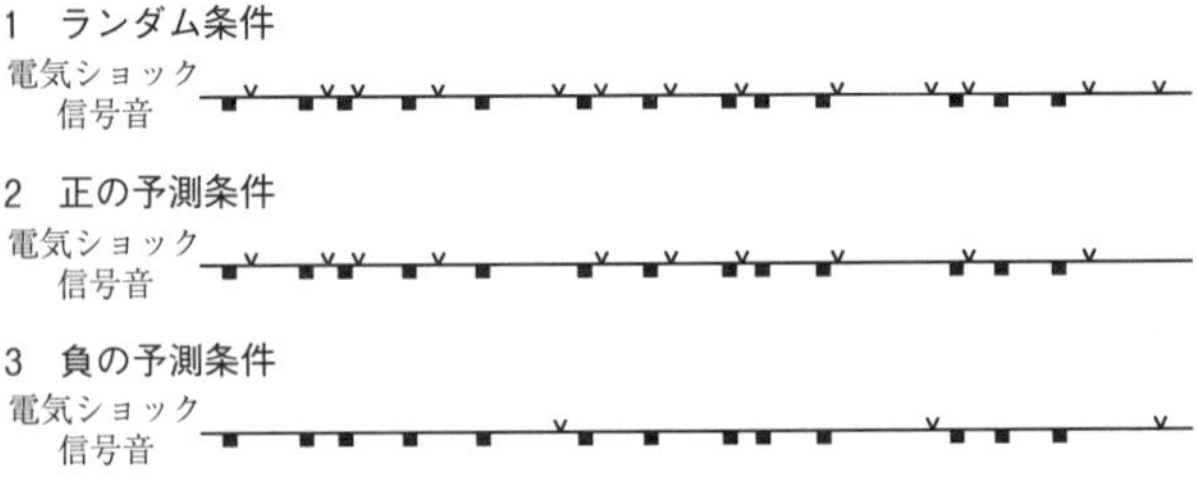

図3-6　各グループでの電気ショックと信号音の関係

以上の三つのグループの電気ショックと信号音の関係は図3-6に示した。

さて、次の段階である。今度は、再びシャトルボックスに犬を入れて信号音を聞かせてみて、そのとき隣の部屋に逃げようとする頻度を見た。結果は、正の予測条件（第二グループ）は、信号音を聞くと電気ショックが来るのではないかと予期し、その恐怖から逃げようとする反応を最も多く行ったが、ランダム群（第一グループ）はとくに反応頻度が増えたり減ったりすることはなかった（つまり、信号音によって恐怖を感じなかったのである）。そして、負の予測条件（第三グループ）では逃げようとする反応はかなり低下した。これは、逆に信号音があればしばらくは電気ショックは来ないということを学習し、安心していたのであろう。

この結果を見てどのように感じられたであろうか。正の予測条件、負の予測条件とも、信号音が電気ショックの到来（あるいは、到来しないこと）を一定の確率で予測しているのだから、そうした学習の効果が出て、信号音に対して回避的な反応をしたり、逆に安心して反応を減らしたりするのは当たり前だろう、と思った方も多いに違いない。しかし、この実験は発表された当時は注目を浴びた。というのも、当時はこのような条件づけの解釈に確率などという考え方をすることはなかったからである。

もう一度、パヴロフの実験を思い出していただきたい。パヴロフの実験では、メトロノームの音がしてしばらくすると餌が出てくる。これを繰り返しているうちに、メトロノーム音だけで思わず餌が出てくるような気がしてくる。この実験では、メトロノーム音という、本来は餌と関係ない刺激を餌と結びつけることによって条件づけを成立させている。

この二つはどうやって結びついたのだろうか。それは、メトロノーム音のすぐ後に電気ショックを出すという時間的な接近状況を作ることによってである。ということで、当時は、条件づけの研究者の間では、パヴロフの条件づけのようなタイプの条件づけは二つの刺激が近接して提示される状況が作り出されることで成立すると考えられていた。

今取り上げているレスコーラの実験でいうと、正の予測条件の第二段階で、信号音が鳴ると30秒以内に電気ショックがくるというのが二つの刺激が近接して提示された状況に相当する。

ところが、図3-6のランダム条件も見てほしい。実はこちらでも信号音が鳴ると30秒以内に電気ショックが来るという、二つの刺激が近接して提示される状況が作り出されているのである。もちろん、信号音が鳴らないのに電気ショックが来る場合もあるので、両条件は完全に同じわけではないが、少なくとも二つの刺激が近接して提示された状況が作り出された回数は同じである。というわけで、当時の条件づけの研究者の論理に従うと、ランダム条件も正の条件も同じ程度に学習が成立するはずだ。ところが、実際にはそうなることはなく、正の予測条件の犬は信号音によって恐怖を予期し回避反応を積極的に行うようになったが、ランダム条件の犬にはとくに反応の変化が見られなかった。

以上の結果は、正の予測条件の犬が「音が鳴ったとき電気ショックが来る確率は、音が鳴ったのに電気ショックが来ない確率よりはるかに高いから、音が鳴ったら要警戒だな」というような確率計算（この場合は引き算）をしていることを示唆することになった。「動物が確率から結果を予測しそれに応じた反応をする」というような認知プロセスがあることなど、当時はほとんど考えられていなかったことだ。

本研究を皮切りに、レスコーラがはじめた一連の研究は、動物の条件づけにも複雑な認知のプロセスがあることを明らかにしていった。

†条件づけから記憶へ

こうして1960年代になると、行動主義的な学習や条件づけの限界はますます明白なものになっていった。行動主義の基本ともいえる心や意識を排除した「刺激→反応」の図式では説明できない現象が次々と報告されるようになったからだ。排除された心や意識は認知という名称で復活した。そして、「刺激→認知→反応」という新たな図式の中に組み込まれた。

行動主義の時代、人や動物が新しい行動を身につける現象の多くは条件づけで説明され認知というプロセスは考えられてこなかった。刺激が反応の変化を引き起こすといえば説明できるような研究ばかり行っていたからだ。しかし、認知を介在させるとそれでは事足りなくなる。刺激は理解され記憶されなければならず、さらに、その記憶を参照して将来の見通しを立てるという一連の認知のプロセスがなければならない。反応はその後、起こるものだった。

そういうわけで、学習の研究も次第に条件づけに代わって、認知のプロセスの一部である記憶の仕組みに中心が移っていった。次章では、その記憶について見ていこう。

第4章

認知と記憶

†まずは記憶の研究から

1960年代に入り行動主義の「刺激↓反応」の図式の間に、認知を挟み込んだ、「刺激↓認知↓反応」という図式が定着し始めると、心理学者の関心はもっぱら、認知の仕組みを解明することに移っていった。この認知を研究する新しい心理学の流れを認知心理学というのだが、おそらくそのなかでもっとも数多くの研究が行われたのは記憶に関する研究ではないだろうか。

認知心理学の研究は、まず人間の記憶には情報を保存しておく二つの箱のようなもの（ストレージ）があるということを指摘した。それが短期記憶と長期記憶という二つの貯蔵庫である。たとえば、あなたは今、この本を読んでいるが、おそらくこの章の冒頭から数行の内容はほぼ記憶したうえで読んでいるはずだ。しかし、本書を読み終わってしばらくしてから第4章の最初のページに何が書いてあったかいきなり尋ねられても、正確に思い出すことはできないだろう。

また、たとえば今、誰かと会話をしていたとしよう。おそらく、その会話内で話題になっていることはほぼ記憶されているはずだ。しかし、翌日になって前日の会話を正確に思い出せと言われても、ほとんどの人にとってそれは難しい。このようにそのときは覚えているが、場面が変わり数時間経ってしまうともう思い出せないような、その場限りの記憶を短期記憶（または、作業記憶）という。一方、友達との話題の中でとくに印象深かったことや、「これは重要だから忘れずに覚えていたほうがよいよ」と言われ、自分でも忘れないように何度も頭の中で繰り返したようなことは、記憶として定着していて忘れることはない。このような記憶として定着しているものは長期記憶という貯蔵庫に送り込まれ保存されたものと考えられている。

短期記憶の研究はジョージ・A・ミラー（1920―2012）が1956年に発表した「不思議な7という数字」という論文[1]がきっかけの一つとなりはじまったとされる。この論文によれば、数字や単語を一度だけ聞かされてその場で思い出すような課題を行うと、ほとんどの人は7個プラスマイナス2個（つまり、5個から9個）までなら思い出せるという。これは覚える素材、年齢、知能などともあまり関係はないといわれる。また、記憶するだけでなく、音や光や色や味などを一度に区別することができるのも、やはり7プラスマイナス2個程度が限界になるという。ミラーはこれを人間の一次的な情報処理容量の限界と考えることを提案した。そして、後にこれが短期記憶の概念に対応することとなったのだ。

この章の冒頭でも述べたように、このような記憶研究は1960年代から盛んになったわけだが、実は記憶研究自体の歴史はかなり古く、実験心理学が始まった当初から行われていた。

ここではまず、その中で今日の記憶研究（とくに長期記憶の性質に関する研究）に大きな影響を与えた有名なエビングハウスの研究について紹介する。

実験10 エビングハウスの忘却曲線——記憶には法則がある

エビングハウス（1850—1909）は、ドイツのボン生まれで、もともと歴史や哲学を学んでいたが、偶然手に取った本から実験心理学に関心を持ち、自宅で一人で記憶の実験をはじめたといわれる。そして、それをまとめたものが、今日まで彼の代表的な業績となっている。

なかでも有名なのが忘却曲線で知られる次の実験である。[2] 被験者はエビングハウス本人、一人だけである。過去の学習の影響を排除するため、エビングハウスはローマ字三つをランダムに並べた無意味な音節を作ってそれを13個で1セットとした。実験にはこれを8セット用いた。

まず、原学習といわれる初回学習時に、これらの13個の音節からなる1セットを記憶するのに何秒かかるかが記録された。なお、記憶したとみなされる基準は、誤ることなく正確に二度繰り返して言えること、とされた。そして、次に一定の時間をおいてから同じ音節を再度学習し、同様に正確に二度繰り返して言えるまで学習しその時間が記録された。ところで、「一定の時間」とは原学習が終了してから19分後、1時間後、8時間後、1日後、2日後、6日後、31日後などとなっており、8つの音節のセットはいずれかの時間に数回ずつ割り当てられた。

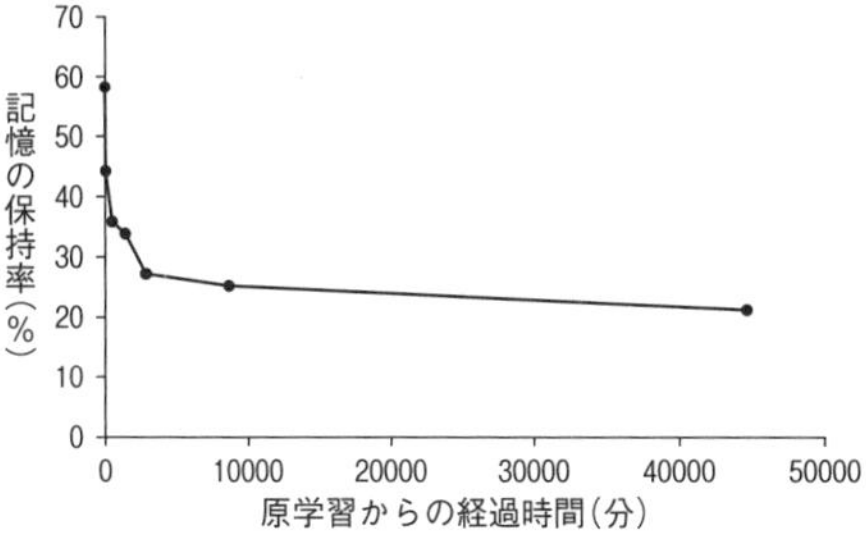

図4－1　エビングハウスの忘却曲線

　さて、この原学習と再学習はどうやって利用されるのだろうか。わかりやすい例で説明する。たとえば、あるセットを最初に学習する（原学習する）のに3000秒かかったとしよう。1日後、覚えたものを思い出そうとしてもたいていは思い出せないのが普通だが、再学習してみると意外に短い時間で済むことがある。たとえば、再学習にかかった時間は1200秒だったとする。これはどういうことかというと、3000秒（原学習）－1200秒（再学習）＝1800秒分は、実は記憶していて新たに学習する必要がなかったということだ。これを原学習に対するパーセンテージで表すと1800÷3000＝0・6、つまり、60％は覚えていたことがわかる。図4-1の縦軸の保持率というのは、そうやって計算したものを平均した値だ。

この図をみてどう感じただろうか。

意識して頑張って覚えられたつもりになったものでも、時間が経つとあっという間に忘れてゆくことがわかる。19分後の保持率はせいぜい60％、1時間おいてしまうと50％を切り、1日経つと30％近くまで落ち込んでいる。ただ、その後はそれほど低下せず6日経っても3割弱、図には出ていないが31日後でも21％ほどである。ここからいえることは長期記憶として頭の中に定着したと思った内容でもあっという間に7、8割は忘れてしまい、2、3割しか残らないということだ。ただ、残った2、3割については、それほど減少率が激しくないので意外に忘れない。

もう少し具体的な例を挙げて考えると、高校時代の定期試験の前の晩、必死になって何かを記憶したことのある方は多いだろう。いわゆる〝一夜漬け〟というのがそれだ。そうして覚えたものは翌日になると半分くらい忘れてしまっているし、さらに時間が経つとどんどん忘れてゆくが、ある程度忘れると残った2、3割の内容は忘れずに数年経っても覚えていたりする。エビングハウスのこの研究は、そのような長期記憶の性質を実験によってとらえている。

しかし、この実験結果は実感と合わないと感じられた方もいるかもしれない。この実験では8時間後の保持率は35%程度である。これに従えば、前の晩に覚えた内容のうち65%程度は、翌朝ほぼ8時間後に行われるテストのときに忘れてしまっているということになる。しかし、実際にはもっと記憶は残っていたという印象を持つ方も多いのではないかと思う。

これにはもちろんわけがあって、この実験で用いた素材がひときわ記憶しにくい無意味な音節だったということと関係しているのであろう。試験の前の晩に一夜漬けで覚える内容がここまで無意味なものであることは、まずありえない。そうすると実際にはこれほど早く忘れてしまうことはないだろう。エビングハウスも記憶する材料が意味のある言葉だと記憶する速度がずっと速くなることに気づいている。

このように一夜漬けで記憶した教科書や参考書の内容は、エビングハウスの実験で用いたような無意味なアルファベットを並べただけの素材に比べると、ずっと忘れにくい。しかし、それはなぜだろうか。次にこの現象を明快に説明した実験を見てゆきたい。

実験11 記憶の文脈効果の実験――「言いたいこと」がなぜ伝わらないのか

ジョン・ブランスフォード（1943―2022）は、アメリカ・シアトルにあるワシントン大学の名誉教授だった人物で、認知心理学、学習科学の大家として知られる。今回紹介するのは、1972年に発表された、彼のデビュー作とでもいうべき実験[3]である。

実験の基本的な流れは、(1)まず被験者に文章を示してそれを記憶させ、(2)そのあとで理解の程度を7段階（「よく理解できる」を7点、「理解できていない」を1点）で評定させる。そのうえで、(3)記憶しているものを再生させるというものであった。

さて、実験の被験者が記憶するように言われ、聞かされた文章は以下のようなものであった。とりあえず、読んでみてほしい。

> その風船が空に打ち上げられたとしても、音は達することができない。なぜかというと根本的に必要な高さのフロアからあまりに離れているからである。窓が閉まっていることもまた音を届きにくくしている。大抵のビルはよく音を遮断するようになっているのだ。ことがうまく運ばれるかどうかは電気が安定して流れているかどうか次第なので、電線の途中が切れることも問題が生ずる原因となる。当然のことだが、人は大声を出すことができるが人間の声は十分ではないので遠くまでは届かない。さらなる問題はその器具の弦が切れることである。こうなるともうメッセージに伴奏をつけることができないのだ。あまりにも明らかであるが、一番良い方法は距離を短く取る

ことである。そこには潜在的な問題はほとんどない。すぐ顔が見えるくらいのところでやれば、まずいことがおこる数は最低限にできるのである（著者訳）。

この文章を読んで「よくわかった」という読者はあまり多くはないであろう。どちらかというと、よくわからない、という印象を抱くのではないだろうか。本書を裏返して思い出そうとしてももうほとんど思い出せなくなっているはずだ。

実験の被験者は、50人の男女の高校生のボランティアで、10人ずつ五つのグループ（条件）に分けられた。五つのグループは次のとおりである。

(1)　文脈なし条件　上記の文章を聞かされるだけで予備知識などは一切提示されなかった。

(2)　記憶前文脈提示条件　上記の文章を聞かされる前に文脈となる絵（図4-2の右側の絵）を提示された。

(3)　記憶後文脈提示条件　(2)と逆で、まず文章を聞かされ、その後に図4-2の右側の絵が提示された。

(4)　不完全文脈提示条件　記憶すべき文章は同じであり、この条件でも文章が提示され

図4-2　ブランスフォードの実験で文脈として用いられた図　右が文脈を提示する条件で用いた図、左が不完全な文脈として提示された図。

る前に絵（図4-2の左側）が提示された。ただし、この絵は右側とは異なり文章の中に出てくる物はすべて描かれているが、一つの風景として構成されておらず、ただ物が列挙してあるだけだった。

(5)　文脈なし繰り返し記銘条件　文章を聞かされるだけだが、2回聞かせられた。

さて、読者のみなさんは右の五つの条件のうち、自分なら、どの条件であればこのよくわからない文章素材をうまく記憶できると思われるだろうか。おそらく、多くの方が(2)とお答えになるはずだろう。実際、結果もそのとおりであった（図4-3参照）。

この図は、上段が後で思い出してもらったときの得点（記憶得点）、下段が文章がどれだけ理解できたかという得点（理解度）になっている。一見しただけで理解できるが、(2)記憶前文脈提示条件が理解度、記憶得点ともに圧倒的に高い。他はどれも大差ないのである。まず、(3)記憶後文脈提示条件を見ると、同じ文脈が提示されるにしても、文章を読んだ後では意味がないことがわかる。これは文脈が記憶するときに役に立つのであって、後に思い出すときに役に立つのではないことを示している。また、この文脈であるが、物を列挙しただけで全体の構成が描かれていない(4)不完全文脈提示条件では、たいした効果はない。さらに、同じ文章を文脈なしに2回聞かされる(5)文脈なし繰り返し記銘条件でも同様に記憶得点、理解度ともに悪い。つまり、よく意味もわからないものを何度聞かされても頭に入らないのである。

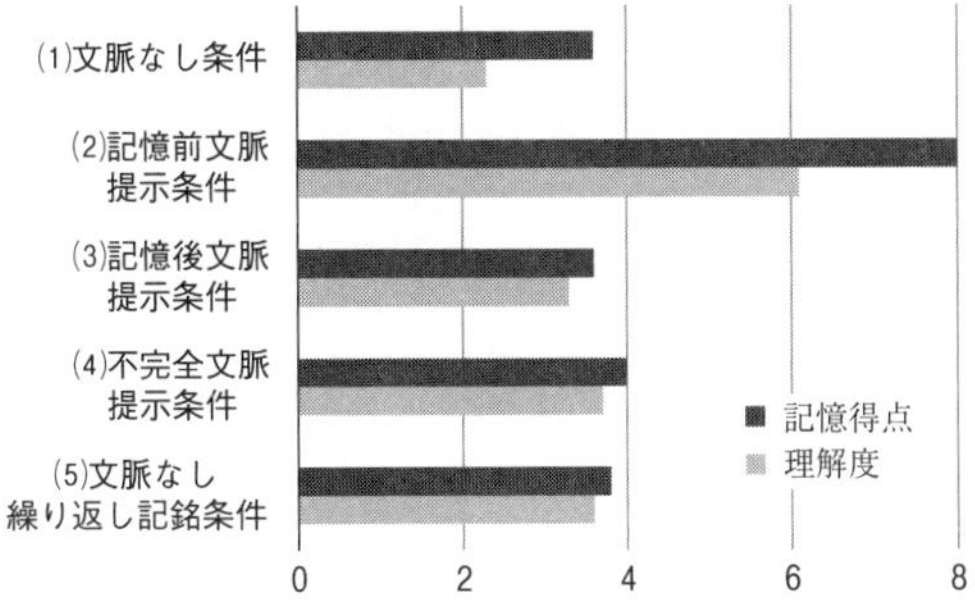

図4-3　ブランスフォードとジョンソンの実験結果

†記憶における情報処理

この実験からいえることはどのようなことであろうか。おそらく次のようにまとめられるのではないかと思う。

記憶とは頭の中に倉庫にでもたとえられるような箱があって、そのなかに端から順序よく荷物を積んでゆくようなものとイメージされがちだが、実はそうではない。実際には、記憶する際には、まず、思い出す手がかりとなるような文脈に紐づけしてその文脈と一緒に記憶するという情報処理を施しながら覚える作業を行っているのである。人の認知というのは、たったこれだけのことを覚えるに際しても、けっこう複雑な情報処理を行っているのである。

今述べたように、人は何か情報を記憶するときには、思い出す際の手がかりになるような文脈に紐づけをするという複雑な情報処理を行っている。

ところで、この情報処理の複雑さにも程度があり、ごく表面的なものから深く意味を考えるものまで、何段階かのレベルがあるということを指摘する研究が現れた。

実験12 記憶の処理水準モデル――処理が深いほど記憶に残る

表4-1　質問とその処理水準の深さ

処理水準の深さ		質問	YES	NO
浅い	形態水準	この単語は大文字で書かれていますか。	TABLE	table
↓	音韻水準	この単語は weight という単語と韻をふんでいますか。	crate	market
深い	意味水準	この単語を以下の文章の（　　）に入れたとき意味が通りますか。 He met a (　　) in the street.	friend	cloud

スコットランド生まれのクレイクとエストニア生まれのタルビィングはトロント大学を拠点に記憶に関する多くの論文を発表したが、ここで取り上げる論文[4]は、それらの中でももっとも代表的なものの一つである。論文は複数の実験報告からなるが、この実験は二つめの実験である。

実験の被験者は24名の男女大学生だった。まず、実験室に入室するとこの実験は知覚と反応時間に関するものであることが知らされた。実験は60個の単語（名詞）を一つずつスクリーン上にごく短時間提示するものだったが、単語の提示に先立って、簡単な質問が行われた。質問は、表4-1に示すように3タイプあり、そのいずれかが与えられた。一つめは、「これからスクリーンに提示される単語は大文字（あるいは、小文字）で書かれていますか？」という、単語が大文字、あるいは小文字で書かれていることに注意を向けるもので、スクリーンに単語が提示されたのち「はい」「いいえ」で回答を求められた。二つめのタイプの質問は、「これからスクリーンに提示される単語は、〇〇〇〇という単語

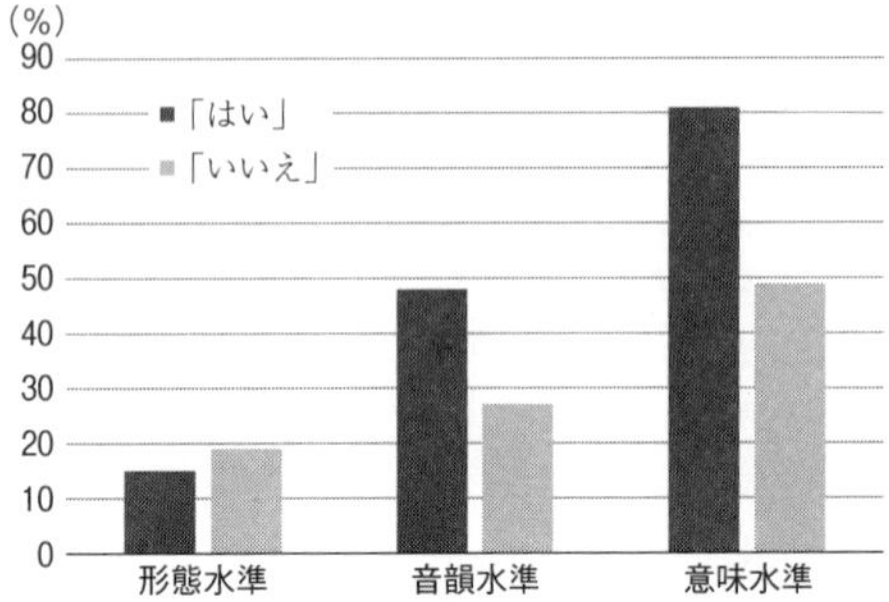

図4－4　処理水準ごとの記憶テストの正解率

と韻をふんでいますか」という音韻に関するもので、やはり、「はい」「いいえ」のいずれかの回答を求められた。そして、三つめの質問は、「これからスクリーン上に提示される単語は、（たとえば）「私は今日○○と会った」という文章の○○に入れるとちょうど意味が通るようになりますか」というような単語の意味を考えさせ、「はい」「いいえ」で答えさせる質問だった。

この三つのタイプの質問は順に「形態水準」「音韻水準」「意味水準」とよばれ、この順序で情報処理の水準が深くなるものとされた。つまり、これらの質問は被験者の情報処理の水準を誘導するために行われたものだったのである。そして、深い水準で情報処理されたものほど、その単語をよく記憶しているとされた（なお、クレイクらは、当初は四水準を想定していたようだが、この実験は三水準で行われた）。

図4-4が、実際の実験結果である。このグラフの縦軸は、スクリーンに提示された60個の単語を思い出してもらった記憶テストの正解率を示している。各水準2本ずつ棒があ

るのは、三つのタイプの質問の答えが「はい」の場合と「いいえ」の場合とに分けて示しているからである。このグラフからもわかるように、情報処理の水準のもっとも深い「意味水準」の被験者が、単語を一番よく記憶していることがわかる。

このような情報処理の水準が記憶の定着度を決める要因となるという考え方を、記憶の処理水準説という。

エビングハウスに由来する記憶研究では、無意味綴りを用いるなど、記憶すべきものが既存の知識や背景と紐づけされることを細心の注意をもって避けようとしていたが、その後の認知心理学はむしろ、その〝紐づけ〟がいかにして行われるか、どうすれば効率よく記憶することに役立てられるかという方面に関心を向けていった。人間を情報処理の装置と見立てる認知心理学の発想からしてみれば、情報処理が多面的に行われることに目をつけたのはむしろ当然であった。

†記憶力に限界はあるのか

次に記憶に関してちょっと別の角度から行われた研究を見てみたい。

誰もが「もう少し記憶力がよければ……」と思ったことはあるはずである。それは、学生時代のテストの直前だったかもしれないし、社会人になってからも仕事の手順、顧客の名前などが覚えられなくて苦労したときだったかもしれない。こうした記憶力に対する悩みは、多くの人が共有しているはずである。実際にここまで紹介した記憶研究の多くも、どうすればより記憶しやすくなるかというところに、研究の背景があることは明らかだろう。

ところが、きわめて稀な例だが、たった一度だけ見たもの、聴いたもの、読んだものをほぼ完璧に記憶してしまい、しかも容易には忘れないという人がいる。そうした人たちが、かつて何人いたか、今何人いるかは、正確なところはよくわからない。しかし、その中の数例については専門家による記録が残っており、実験的な研究が試みられたりもした。

実験13 記憶術者シィーの研究——超人的な記憶力の正体

驚異的な記憶力をもつ人物の記録としてもっともよく知られているのは、ロシアの心理学者、ルリアが1968年に出版した著書[5]に登場するシィー（本名シェレシェフスキー）についてのものである。

1920年代のはじめごろ、当時、若い心理学者だったルリアのもとに一人の新聞記者が訪ねてきた。彼こそ驚異的な記憶力の持ち主シィーである。新聞記者だったシィーの上司は、毎朝シィーにその日訪ねるべき取材先の住所を教え、具体的な取材の指示を与えていたが、彼が決して取材の指示のメモを取らないことを不思議に思った。そして、彼が並外れた記憶力を持っていることに気づいた上司は、ルリアのところに行くようにすすめたのだ。

ルリアはさっそくシィーの記憶力をテストしてみた。前述のように、数字や単語をランダムに並べたものを読み上げて記憶させたとき、その場で思い出せるのは、たいていの人は7個プラスマイナス2個（多くて10個程度）が限界といわれているが、シィーは、それを30個、50個、70個と増やしていってもまったく問題なく記憶できた。しかも、驚くべきことに、シィーはそれらを数週間、数か月、そしてある実験では10年以上経っても問題なく思い出すことができたという。

彼は、数字や単語を読み上げて記憶する際には、各項目を2、3秒の間隔を空けて提示されることや、読み上げる際の発音が明瞭であることを好んだ。どうやら彼は、さきほど紹介した処理水準モデルのように記憶すべき素材を意味的に処理し符号化して覚えるというよりも、録音するかのようにそのまま聴覚的なイメージとして記憶しているため、イメージを明確に切り分ける必要があるようだった。

表4-2は50個の数字が入った表だがシィーはこれを3分半から4分で記憶し、思い出すのに40秒費やした。また、3行目、2行目と行を指定して思い出させると、もう少し時

間を要したが完全に思い出すことができた。

　このような視覚的な素材の場合、シィーにはそれがずっと見えており、指示が出されるとその部分に注意を向けて読み取るようにして答えていたようだ。

　覚えるべき項目が非常に多いとき、シィーは次のような覚え方をすることもあった。まず、覚えるべき系列の項目の一つ一つをバラバラにした。そして、自分の故郷の町の通り、あるいは、モスクワの目抜き通りの光景を思い浮かべ商店やビルの窓に一つ一つの項目を配置していった。思い出すときは、もう一度、その通りの景色をイメージし、それぞれの商店や窓にある項目を読めばよいのである。

0	2	4	5	7	1	2	1	8	6	7	0	X
8	3	8	3	3	9	0	5	6	2	6	2	1
6	4	6	9	2	8	0	4	7	9	9	5	0
6	5	1	7	4	3	1	3	2	1	2	5	X

表4－2　50個の数字が入った表

　このようにシィーの記憶力は心象（イメージ）を保持する並外れた能力に支えられていることがうかがわれた。

　シィーの超絶的な記憶力を支えていた要因は他にもあった。

　まず、一つめは、共感覚の能力が並はずれて発達していたことであった。ときどき甲高い声のことを「黄色い声」ということがある。また、「赤の他人」「黒い噂」といった表現は日常的にもよく使う。これらは、異なる感覚的な刺激から視覚的なイメージを連想する共感覚の例である。通常われわれはこれらの表現を慣用表現として用いているにすぎず、実際に目の前に色が鮮明に見えているわけではない。しかし、シィーはその能力がずば抜けていた。以下に引用するのは、シィーにさまざまな周波数の音を聞かせどのような視覚的なイメージが生じたかを検討してみた実験結果の記述である。

彼に三〇ヘルツの高さの音を一〇〇デシベルの強さで与えた。すると、彼が述べるところによると、はじめ、彼は、いぶし銀の色をした一二―一五センチの幅の条線を見た。そして、だんだんとその条線は、あたかも彼から遠のくように細くなり、つぎに、鋼のように光るモノに変わっていく。徐々に、音は夕方の燈火のような特徴をもちはじめ、音は銀の光でキラキラと光りつづける。

五〇ヘルツ、一〇〇デシベルの音を与えると、シィーは、暗い背景に、赤い舌をもった褐色の条線を見る。その音の味は、甘ずっぱいボルシチに似ており、味覚が舌全体をおおう。

一〇〇ヘルツ、八六デシベルの音を与えると、シィーは、幅の広い条線を見る。その中央は、赤オレンジ色で、それは徐々に、バラ色に変わっていった。

二五〇ヘルツ、六四デシベルの音を聴かせると、シィーは、小さな毛が四方にのびているビロード状のひもを見る。そのひもは、おだやかで心地よいバラ・オレンジ色をしている。

五〇〇ヘルツ、一〇〇デシベルの音を聴かせる。すると、彼は、空を二分する真直ぐな稲妻を見る。音を七四デシベルに下げると、濃いオレンジ色を見、あたかも、針が背にささったように感じ、その針は、徐々に小さくなる。

二〇〇〇ヘルツ、一一三デシベルの音を聴かせると、シィーは、つぎのように言う。「バラ赤色の、何か、ちょうど花火のようなもの……、ざらざらした線、まるで薬味入りのつけ物の塩水のようないやな……いやな味……手に触れると痛い」。

三〇〇〇ヘルツ、一二八デシベルの音を聴かせると、彼は、火の色をした小さなほうきを見る。そのほうきの要が、いくつもの火の点に散らばる。

実験は、数日間反復して行なわれたが、同じ刺激は、つねに、同じような経験をひきおこした（邦訳、24―25ページ）。

並外れた共感覚の能力に由来するこのような鮮明なイメージを作る能力はわれわれの想像を超えるような複雑で繊細な背景や文脈をつくりだし、シィーの記憶をより確かなものにしたのだ。

さらに、そのような豊富なイメージを作り出す能力は、文字や数字の一つ一つから個性的な人物や事物を想像し、そこから物語をつくることを可能にした。

$$N \cdot \sqrt{d^2 \times \frac{85}{vx}} \cdot \sqrt[3]{\frac{276^2 \cdot 86x}{n^2\, v \cdot \pi 264}}\, n^2 b = sv\, \frac{1624}{32^2} \cdot r^2 s$$

のようなふつうならば覚えようのない数式に対して彼は

ノイマンは（N）は出かけて、棒でつっついた（・）。彼は、ルート記号（$\sqrt{\ }$）に似た高い木を見つめ、彼が、そこにこれらの二軒の家（d^2）を建てた時すでに立っていたのだから木が枯れ、根をさらけ出していても驚くことはないと考えた。そして、また棒でつっついた（・）。彼は曰く。家は古い、だから、家を処分（帳簿に×をつける）しなければならない。そうすれば資本をたくさん増やすことができるだろう。すでに彼は八万五〇〇〇の資本をそれに投資した（85）。屋根がそれを区切り（—）、下には人が立っていて、温度箱（BOKC《ボックス》）（vx）で遊んでいた。彼は郵便局の近くに立っていて、馬車が家にぶつからないように、曲り角に大きな石（・）が置いてある。そこには小公園があり、大きな木（$\sqrt{\ }$）があって、そこに三羽のカラス（$\sqrt[3]{\ }$）がいる。そこに、私はたんに276という数字を置き、二乗については、四角のタバコ箱（^{2}）を

置いた。そこには86と書いてある……その数字は、箱の別の面に書いてあって、私が立っていたところからは見えなかった。私は近くに寄って見なかった——それでそれを想い出すとき、それを見落としてしまったのだ……。x——未知の人が、柵に黒いマントを着て近づいてきた。柵（|）、さらに、女学校が続き、彼は女学生nになんとか会いたいと思っていた。彼女は、しとやかな、若い女学生で、灰色の洋服を着ている。彼は話しかけ、柵の小板を両脚（^{2}）で折ろうとした。そしたら、彼女——女学生——は美人でなかったが、фи!《ヒィー》（v）「まあ、いやだ」と言った。……ここで私は、レジィツァに急いで行く、そこの学校には大きな黒板がある。……線（——）が書かれており、そこに点（・）を書く。黒板には$\pi264$と書かれてあり、さらに私はそこにn^2bと書く。私は学校にいる。私の妻が定規（=）を置き、そこに坐っているのは、私、つまり、サラモン・ヴィニアミノヴィチ（SV）、そして私の同僚は、$\frac{1624}{32^2}$と書く。私は、書いている彼を見ていたが、その後ろに二人の女学生（r^2）が坐っており、ときどき盗み見をして、彼に見つからないように、「シシィ！　静かに（S）」と叫んだ

（同、58—59ページ）。

といった物語をつくり、それを記憶した。そして、驚くべきことに15年後にも完全に思い

出したという。

しかし、この並外れた記憶力は、必ずしも良いことばかりではなかった。たとえば、論理的な文章を読んで抽象的な概念について理解を求められるときなどには、頭の中がイメージでいっぱいになってしまい、かえって混乱してしまうこともあった。また、誰かが話しているほんのわずかな合間に、他の声や雑音が入ったりすると、目の前に色のついた「斑点」のようなイメージが生じて彼を困らせることもあった。ふつう、人は、会話とは直接関係のないノイズにはあらかじめフィルターをかけているので、知覚や情報処理のプロセスにまで上ることはないのだが、シィーは並外れた共感覚の能力が働いてしまい、枝葉を切り捨てて根幹の部分を追っていくことが難しくなっていたのである。

やがて、シィーは、記憶術を見世物にして生計を立てるようになった。シィーは舞台に立ち、観客の氏名を端から端まですべて記憶してみせるような芸を披露することを仕事にしたのだ。

そこでも、記憶力が良いことは利点ばかりではなかった。たとえば、同じ会場で一晩に2回同じような公演を行う場合、前半の公演が終わりしだい、その内容を忘れていったほうが後半でミスを犯す可能性が低くなる。しかし、彼にはなかなかそれができなかったのだ。

そこで、彼は、たとえば会場の黒板に書いたものを覚えるときなどは次のようにイメージするようにしたそうだ。まず、黒板に不透明のフィルムのようなものを貼る。そして、その上に素材を書き覚える。公演が終わったらその黒板をイメージし、その中でフィルムをはがす場面を想像する。フィルムはバチバチ音を立ててはがれたという。そうすると黒板はまた何も書いていない状態になり、次の公演に臨むことができた。

第5章

認知の誤り

†意外にあてにならない人間の認知

前の章では、人の記憶がただ単に情報を端からしまい込んでおく倉庫のような単純なものではなく、覚えようとする初めの段階からさまざまな意味的な情報処理を行い、それらを後で思い出しやすいかたちで保管する働きをもっていることを明らかにした。

認知心理学とは、このように人間を情報処理の装置と見立て、その仕組みを解明しようとするものであった。そして、情報処理装置のメタファーとして採用されたのは、当時普及しつつあったコンピュータだった。

ただ、人の情報処理の仕組みは必ずしもコンピュータのように完璧なものではない。よく、「人間誰だって間違えることはある」などというが、まさにその通りであり、われわれは他意なく正面から考え、理解し、記憶し、判断したつもりになっていても、実際にはそうでないということがたくさんあるのである。

本章では、そうした人間の認知の誤りを明らかにした研究の一部を紹介する。

実験14 ロフタスの誤った記憶——目撃証言はなぜ信用できないか

表5－1　3つの条件に対する回答

	質問の仕方		
ガラスは飛び散ったか	激突した	当たった	特に質問なし
「はい」	16	7	6
「いいえ」	34	43	44

エリザベス・ロフタス（1944―　）は、カリフォルニア大学アーヴァイン校の教授で、認知心理学、とくに偽りの記憶が生成される仕組みの研究で知られる。ここでは、ロフタスらが行った一連の実験の一部を紹介しよう[1]。

この実験は150人の大学生を対象に行われた[2]。被験者は、交通事故を描いた短い動画を見せられた。その中で2台の車が衝突する部分はわずか4秒ほどで、車のガラスが割れるような激しいものではなかった。動画を見た後、被験者はまず、事故の様子を紙に書き出すように指示された。その後、実験の監督者から、いくつかの質問が出されたが、その中の一つの質問に3通りのバージョン（実験条件）があり、50人ずつがそれぞれ異なった実験条件で実験を受けた。まず、一つめの実験条件では「車が激突したときの速さはどれくらいでしたか」と質問され、二つめの実験条件では「車が当たったときの速さはどれくらいでしたか」と尋ねられた。そして、三つめの条件では、車のスピードに関する質問はされなかった。

さて、1週間後、被験者は再び実験室に呼び出され、1週間前に見た事故の動画に関する質問を受けた。この中に「事故によって多くのガラスが飛び散りましたか」という問いがあった。この問いに対する3条件の回答を見てみよう（表5-1）。さすがに3分の2の被験者は飛び散らなかったガラスを飛び散ったとは言っていない。しかし、「ガラスが飛び散ったか」という質問に「はい」と答えている上の段の30名ほどの対象者の半分は、動画を見たときに「車が激突したとき」という文言の含まれた質問を受けていた人たちであることがわかる。この人たちは、事実ではない追加情報の影響を受けたことで、1週間後にそれがあたかも事実であったかのように感じているのである。

ロフタスらはこのような交通事故の目撃者の記憶に関する実験を多数行っている。もう一つ紹介しよう[3]。

実験の対象者は大学生100人、30枚からなる一連のスライドを見せられた。そのスライドは以下のようなものだった。

赤い乗用車が歩道のある通りを走っていて交差点にさしかかる。車はその交差点を曲がるのだが、そのとき横断歩道を渡ろうとしていた人をはねてしまう。そこへ緑色の車がさしかかるが止まらずに行ってしまう。つまり、けが人を救助する義務を怠り、現場を逃走したのである。間もなくパトカーが到着し被害者を助けると、赤い乗用車からも人が降りてきて警官を手伝う。

この一連のスライドを見た後、被験者はいろいろな質問をされるのだが、質問には実は2条件あり、一つめの条件には「事故現場を通り過ぎた車は〝青〟であった」という誤った表現が含まれていたが、残りの半数の条件ではそのような色に関する表現は含まれていなかった。それから20分が経過した後、通り過ぎた自動車の色に関する質問が行われた。質問方法は30色の色を貼ったサンプルの中から、通り去った自動車の色にもっとも近いものを選ばせるものであった。その結果を記したのが図5-1である。

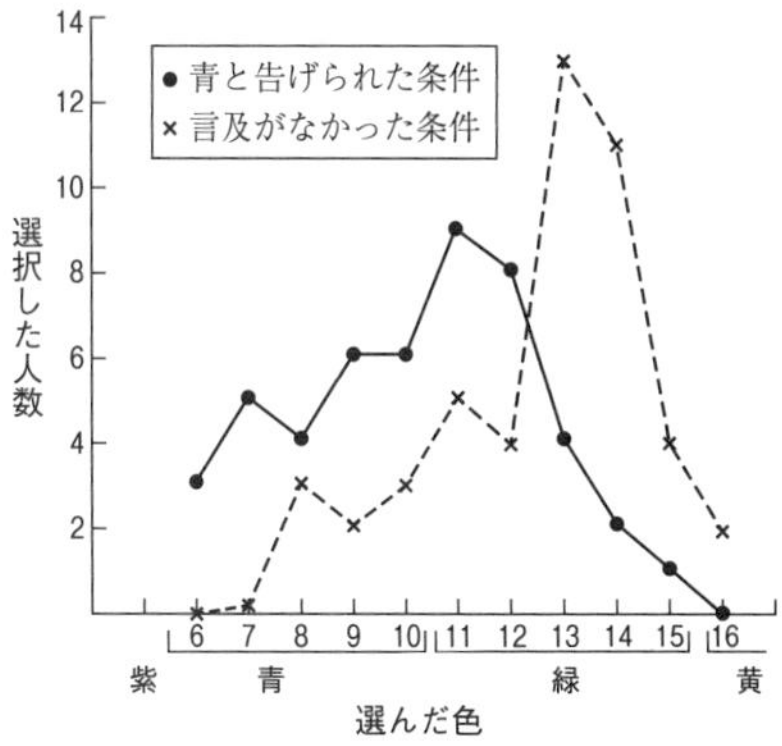

図5-1　選んだ車の色

この図の横軸はサンプルの色が紫から青を経て緑、そして、黄色に変化してゆく段階である。縦軸はそのサンプルを自動車の色と同じものとして選んだ人数である。色について情報を与えられなかった条件（点線）のピークは緑の中央付近にあり、多くの人が緑を選んでいることがわかるが、自動車は青と告げられた条件（実線）のグラフはもっと青いサンプルを選択した人が増えていることがわかる。車が青という誤った情報を与えられることで、20分という比較的短い時間で緑という記憶に揺らぎが生じて、サンプルの色を識別する能力を失ってしまい〝青だったような気が〟してしまったのである。

たったこれだけの出来事だが、人間の記憶というのは外からの圧力に意外に弱い。自分の記憶と矛盾するような追加情報が入ってくると、その追加情報ともともともっている情報とを折衷しようとして、すでにできあがっている記憶をいとも簡単に再編成してしまう。

犯罪捜査や裁判では、しばしば事件の目撃者の証言が犯人逮捕や有罪判決に持ち込む決め手となる。しかし、その証言を得る目撃者の記憶というのも、同じように危ういものである。犯罪捜査では、ある人物が犯人かどうか確証を得るために、目撃者に複数の写真を見せて、そこから一番似つかわしい人物を選ばせることがよくある。しかし、こうしたやり方が不正確なもので多くの冤罪《えんざい》を生んでいることが、ロフタスによって明らかにされた。

また、ロフタスは、カウンセラーによる心理療法、治療的面接において、過去の外傷的な出来事について思い出させる作業が、同時に幼少期の性的虐待の記憶などの虚偽の記憶を生成させている事実が多くあることも見いだした。

†論理的な思考の誤り

人間の情報処理過程が意外に不正確であることは、記憶以外でも明らかにされた。たとえば、論理的な思考の不正確さとしてよく取り上げられるのが4枚カード問題といわれるものである。[4] この問題では、まず図5-2のような数字とアルファベットが書かれた4枚のカードが示される。そして、「ここに片面には数字、もう片面にはアルファベットが書かれたカードが4枚ある。これらのカードでは「母音の裏は必ず偶数であるという原則が成り立っている」はずだが、そのことを確かめるためにカードをめくってみるとする。ただ、めくるカードの枚数はできるだけ少なくする。どのカードをめくればよいか」と質問される。一瞬、迷う読者も多いのではないかと思うので、端から順番に考えてみる。

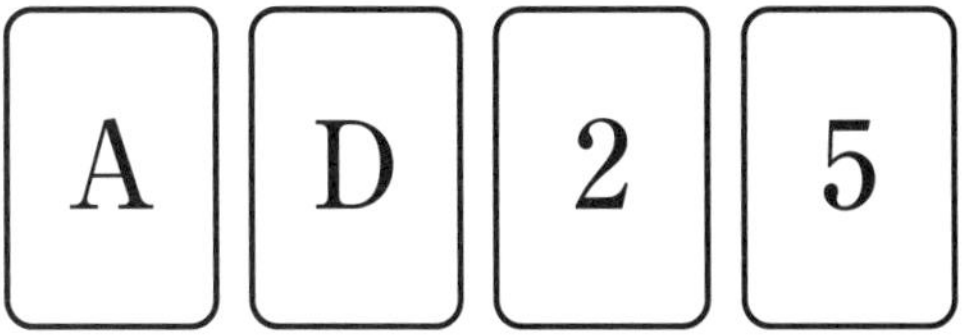

図5-2　4枚カード問題

まず、「A」をめくって裏が奇数だと原則は成り立たなくなる。よってAはめくる必要がある。次に「D」はどうだろうか。母音の裏が偶数である必要はあるが、子音の裏は偶数でも奇数でもかまわない。つまり、これをめくる必要はない。今度は、「2」はどうだろうか。裏が母音ならばルール通りだから問題ない。裏が子音だったとしても、子音の裏が偶数とも奇数とも決まっているわけではないから関係はない。そして、最後に「5」については、裏が母音だとこれは困る。したがって、裏が子音であることを確認する必要がある。と、こんな感じで考えてゆけば、答えは「A」と「5」であることがわかる。

この課題は1968年にロンドン大学のピーター・C・ウェイソンによって考案されたものだが、この課題を欧米の大学生を対象に実施すると正答率は10％程度だという。少し落ち着いて考えればすぐわかるものだが、どうしてそこまで正答率が低いのか不思議に思われるかもしれない。著者は、これを実際に自分の勤務する大学の学生（ほとんどが2年生）27名に実施してみたことがある。このとき正解できたのは6名であったが、うち1名は実験実施後、この課題について過去に見聞きしたことがあると答えていたのでその分を除外すると、26人中5名が正解ということで、ぎりぎり20％には達しなかった。

†日常的な状況での判断

ところで、次のような課題も考えてみてほしい。

図5-3は、あるスーパーマーケットの伝票だが、このスーパーマーケットでは500ドル以上の伝票については、会計主任が伝票の裏のサイン欄にサインしなければならないという決まりがある。今、図5-3のように4枚の伝票があるとき、この規則が守られているかどうか確認するために伝票をめくってみる。その際、めくる伝票の数をできるだけ

少なくする。どのカードをめくればよいかという質問を出す。

　これらについても、ためしにやってみると、まず左の「550ドルの伝票」。これをめくって、もし裏にサインがないと原則は成り立たなくなる。よってこれはめくる必要がある。次に「280ドル」はどうだろうか。500ドル以上の伝票の裏にはサインが必要だが、500ドル未満の伝票の裏にはサインがあってもなくてもかまわない。つまり、これをめくる必要はない。今度は、「裏にサインのある伝票」はどうだろうか。表が500ドル以上であれば規則通りだから問題ない。また、表が500ドル未満だったとしても、500ドル未満の伝票にサインがあってはいけない、という規則はないから関係はない。というわけでこれもめくる必要はない。そして、最後に「裏にサインのない伝票」であるが、表が500ドル以上だとこれは困る。したがって表が500ドル未満であることを確認しなければいけない。と、こんな感じで考えてゆけば、答えは左端の「550ドルの伝票」と右端の「サインのない伝票」であることがわかる。

図5－3　4枚の伝票の場合

　お気づきの方も多いが、この質問の論理的な構造は前の図5‐2と同じである。同じなのだがもっと日常的な場面で出くわすような実験素材になっている。このような実験素材の場合、正答率が高くなることが繰り返し報告されている。

つまり、人間の論理的な思考は言うほど不正確なものではなく、むしろ日常的な状況では、案外正しく判断しているのかもしれない。では、なぜある特定の条件の下では論理的思考がかくも不正確になってしまうのか。その必然性については完全にはわかっておらず、まだ検討の余地があるのだが、今回は詳しくは立ち入らないことにする。

さて、もう一つ認知のエラーに関する実験をみてみよう。次に紹介するのは、確率判断における認知のエラーについての有名な実験である。あれこれ言う前に、課題をやってもらうのがよいと思うので、まずは、次の課題文を読んで問いに答えてみてほしい。

実験15 タクシー課題——とっさの計算でなぜ間違えるのか

以下の課題文を読んで、問いに答えてください。

ある晩、ある街でタクシーがひき逃げ事故を起こした。この街には二つのタクシー会社があった。一つの会社は緑のタクシーで全体の85％を占める。もう一方の会社は、青いタクシーで残りの15％を占める。目撃者は事故を起こしたのは青いタクシーだと証言した。裁判所は、標準的な視界が保たれている日にこの目撃者が色を見分ける能力がどれほど正確かをテストした。サンプルとして緑のタクシーと青いタクシーを半分ずつ提示し、正しく色が識別できるかを調べたが、80％は正しく答えられることがわかった。

さて、質問です。このひき逃げ事件を起こしたのが青いタクシーであった可能性は何パーセントくらいでしょうか。

この実験は、ノーベル経済学賞を受賞した心理学者、行動経済学者ダニエル・カーネマン（1934―　）と共同研究者エイモス・トヴェルスキー（1937―1996）によって行われたもので、課題文はタクシー課題として知られている[5]。タクシー課題には文章表現などが微妙に違ういくつかのバージョンがあるが、いずれの場合も被験者はひき逃げ事件を起こしたのが青いタクシーであった可能性は80％ほどと回答するという。しかし、実は正解は約41％である。

どうしてそうなるのであろうか。80％と答えた人は、正しく識別できる可能性が80％なのだから、当然80％に決まっているではないか、と考えたのではないかと思う。

確かにそう思えるのだが、もう少し考えてみよう。

まず、「青タクシーと緑タクシーを正しく識別できる確率は80％」ということは、「青タクシーと緑タクシーを正しく識別できない確率が20％」だから、これをあえて数式にすれば、

青タクシーと緑タクシーを正しく識別できる確率　0.8÷(0.8+0.2)＝0.8　（式1）

となって確かに80％になる。意味のないことをやっているようだが、ここでは、確率は足すことができるということを確認しておきたい。たとえば、外から中身が見えない箱の中に赤い球が5個、白い球が3個、緑の球2個、計10個入っていたとする。中が見えない状況で箱の中に手を突っ込んでどれか一つの球をとったとき、その色が白か緑である確率は0.3+0.2＝0.5ということになる。もし、赤、白、緑のいずれかである確率ということになると、0.5+0.3+0.2＝1で100％になる。当たり前のことである。（式1）はそれをあえて表記してみただけである。

また、この説明を踏まえれば、（式1）の80％という計算の意味は、課題の問いの答えとしては誤りであることがわかる。なぜ、誤りかというと、ある重要なことを考慮してい

ないからである。それは、もともとこの街にあるタクシーの比である。青いタクシーはそもそも15％しかいないのである。仮に識別できる能力が100％の人がいても、そもそも事故を起こしたタクシーが青タクシーである確率は15％しかないのだ。そこを考慮しなくてはならない。

つまり、目撃者が青タクシーと証言する場合として考えられるのは、青いタクシーが実際に事故を起こしそれに対して正確に述べた場合（その確率は15％×80％）と、実は緑のタクシーが事故を起こしていたのだが青いタクシーがやったと答えてしまう場合（その確率は85％×20％）の2通りがあるわけだ。さきほど確認したように確率は足すことができるから、これを足したものが分母になる。もう一度同じような式にしてみると

$$(0.15\times0.8)\div(0.15\times0.8+0.85\times0.2)=0.4137\ldots \quad \text{（式2）}$$

となる。この計算から導かれた数字0・4137……、およそ41％こそが、青いタクシーがひき逃げ事故を起こした確率になる。

直観的に考えると80％かそれに近い確率はあるのではないかと思えるが、そもそものタクシーの比率を考慮し忘れているのである。これは事前確率の無視といわれるもので、日

常的にも見られる現象だと言われている。

ためしに、この街の緑と青のタクシーの比率が同じとき（つまり、50％対50％）の計算をしてみよう。さきほど同様に識別する能力は80％である。

（0.5×0.8）÷（0.5×0.8+0.5×0.2）＝0.8　（式3）

こちらは、ぴったり80％になる。事前確率を考慮する必要がないからだ。

ちなみに著者は、この課題も自分の大学の学生に実施してみたことがあるが、24人の大学生の回答の平均値は47・5％だった。意外に高くないのだが、これはおそらく被験者にこちらの意図を悟られてしまったことによるものだろう。直観による解と論理的な解が同じ80％ならばわざわざこんな実験をやる必要はないだろう、きっともっと低いに違いない、とこちらの狙いを読まれてしまったのだ。心理学の実験をやっていると、ときには、そういうこともある。それこそが心理学の実験や調査をするうえで気を付けなくてはならない落とし穴でもあるわけだが……。

それはともかく、日常生活の中では、天気予報の降水確率はいうまでもなく、それ以外でも、「今の学力ならば、第一志望の○○大学に合格できる可能性は80％以上ありますね」とか、「君が彼女に告白して受け入れられる可能性は30％以下だろうね」などと、確率を数字で表現して、それに基づいて意思決定をすることはごくふつうに行われている。しかし、その数字の正確性というのは、実際にはこの程度なのである。どうしてなのだろうか。

その理由を考えるうえで参考になる研究がある。

実験16 アロイとアブラムソンの実験――うつの人ほどリアリスト？

この実験は、今から40年以上前にローレン・B・アロイとリン・Y・アブラムソンによって行われたものである[6]。

実験の被験者は大学生数十名である。被験者は実験室に入室する。目の前に二つのランプとボタンがあり、まず、片方のランプが黄色に点灯する（図5-4）。すると、「もう片方の緑のランプも点灯させるためにボタンを押すか、押さないか判断してすぐに決めてください。押すことによって点灯する場合もある一方、押さないことによって点灯する場合もあります。あなたはそのどちらかを選択するのです。とにかく、そうやってできるだけ多くの回で緑のランプが点灯するように努力してください」といわれ、被験者はボタンを押すか押さないかのいずれかを選択する。

図5－4　アロイとアブラムソンの実験の模様

その後、ランプは点灯する場合もあれば点灯しないでそのままその回は終わってしまい、黄色いランプがついて次の回が始まる場合もある。なお、毎回ボタンを押したときに緑のランプがつく割合と、押さないときランプがつく割合は一定の割合になるように決められており、その順番はランダムになっている。この手続きを数十回繰り返す。そして、最後に対象者に「あなたは、緑のランプの点灯に対して何パーセントくらい自分でコントロールできたと思いますか。0～100％で答えてください」と質問をした。

さて、実験の結果である。この実験ではボタンを押してランプが点灯した回の割合からボタンを押さなくてもランプが点灯した回の割合を引いた値をコントロール可能性と定義している。つまり、ボタンを押してランプが点灯する確率が75%でボタンを押さずにランプがつく確率が25%ならコントロール可能性は75－25＝50ポイント、また、たとえば、ボタンを押してランプが点灯する確率が60%、押さなくても点灯する確率が60%なら、60－60＝0でコントロール可能性は0ポイントとなる（ここでは、コントロール可能性と表現したが、この値は厳密には随伴性という。随伴性がなぜコントロール可能性といえるかについての専門的な議論は、ここでは省く）。このコントロール可能性と被験者が回答した数字を比較してみたのだ。

実は、この実験では事前に全対象者に抑うつ（うつ病）傾向を測定する検査を実施してあった。そして、結果の分析も、抑うつ傾向の高い被験者と低い被験者とに分けて行われた。すると面白い結果が得られた。まず、抑うつ傾向の高い被験者の場合、実験で操作したコントロール可能性と自分でコントロールできたと思った割合がおおむね一致していた。つまり、自分がコントロールできた割合を正確に答えた。一方、抑うつ傾向の低い被験者は、自分でコントロールできた割合を実際のコントロール可能性より過大に評価していた。つまり、抑うつ傾向のある人は状況を正確にとらえる一方、抑うつ傾向が低く精神的健康の高い人はむしろ、自分ではコントロールできていないものもコントロールできていると、自分に都合の良いように歪めて認知していたのだ。

†自由意志は存在するか

さて、今の実験例で紹介したのは、人は自分で環境をコントロールしているものと勘違いしがちであるということだった。次に、この「コントロールできる」という意識についてもう少し考えてみる。

この感覚は大きく二つに分けられる。まず一つめは、自分が外的な環境に妨害されないという感覚である。先ほどの実験で取り上げたランプの点灯を自分でコントロールできているという認知は、これにあたる。一方、自分でランプをコントロールしようと思って人差し指でボタンを押すとき、その指の動きは自分の意志が唯一の原因となって生起したものといえる。その背後には人間は自分がどうすべきかは、最終的には自分の意志で決めることができるという考え方がある。このように人は何者からも左右されない自分の意志のみによって決定することができるという考え方は、その妥当性をめぐり古くから議論が繰り返されてきた。いわゆる〝意志の自由は存在するか〟〝すべては決定論に帰着するか〟という論争である。

ところが、現代の心理学では、このコントロールできるという二つの感覚のうちの後者、すなわち、意志の自由が存在するという考え方に対しても疑いの目が向けられている。脳科学者ベンジャミン・リベット（1916－2007）によれば、人間は、たとえば手を動かそう、あるいは足を動かそうとしたとき、その瞬間に手や足が動くように感じているが、実際はそうではないという。脳波を測定すると実際に人が手を動かそう、あるいは足を動かそうとする少し前に、脳の電気的な変化が起こっているというのだ。そして、その電気的な変化にわれわれはまったく気づいていない。

リベットの行った有名な実験では、[7]被験者は、腕を曲げるという動作をするかしないか自分の意志で決めることが求められた。そして、自分の意志で決めたときの時刻が測定された。測定方法は次のようなものだ。縁に光の点がある大きな円盤が1回転につき2・56秒という高速で回転していた。被験者は自分の意志で腕を曲げようとしたときこの円盤の光の点がどこにあったかを記憶しておくように指示され、実験が1試行終わるごとに、その場所を事後報告することが求められた。実験は一人の被験者につき40試行ほど行われた。

さて、実験結果であるが、まず最初に見られたのは脳波の変化であった。これは実際に腕を曲げ始める0・5秒前に現れた。そして、被験者が自分で腕を曲げようと意図したと報告した時間は、その0・3秒後ほどだった。その後、実際に腕を曲げるという行為が生起した。

つまり、被験者が自分で決めたと思った瞬間より前に、（おそらくは脳内の電気的変化や化学的変化に誘発され）腕を曲げようという一連の動作が開始していたのである。自分の意志で腕を曲げようと決断した瞬間は、何にも左右されず自分で決断した瞬間ではなく、実は、無意識的に決定された行為に対し意識が気づいた瞬間に過ぎなかったわけである。

†不正確な認知の利点

ところで、さきほどのアロイとアブラムソンの実験では、健常な人には外的な環境に対するコントロール可能性を過大に評価する傾向があることが明らかにされた。そして、次に紹介したリベットの実験では、人は意志の自由がない（つまり、自分自身の内的な環境をコントロールできていない）にもかかわらず、それができているつもりになっていることがわかった。これらの結果が正しければ、人は、自分自身のコントロール可能性について驚くほど広範囲にわたり不正確な認知をしていることになる。人の脳は高度な情報処理装置だ、コンピュータだというような言い方をすることもあるし、本書でもその仕組みを明らかにするのが認知心理学だといってきたのだが、それもずいぶんと怪しく思えてくる。

この結果をどう考えればよいだろうか。すぐに結論を出すのは難しいが、一つの仮説として考えられるのは、人間の認知が必ずしも正確でないのにはそれなりの理由がある、ということだろう。つまり、人間の認知の不正確さは人がストレスに直面したとき精神的な不適応に陥ることを防ぐ働きをしているのかもしれない。人はコンピュータではないのだから正確な情報処理をすることだけがすべてではない。生物として心身を維持して、生き延びてゆく必要がある。自分自身が維持できなくなるようなら、どんなに正確な情報処理をしても意味がないのである。そういうときはむしろ自分に好都合な方向に不正確な認知をしてでも自分を守ろうとする機能が作動するのではないだろうか。その機能は厳しい自然環境の中で生きていた原始人でも複雑な情報社会の中で生活している現代人でも、案外、日常的に働いていると考えられる。そして、その機能がうまく働かなくなった状態、それこそがうつ病になった状態とは考えられないだろうか。

第6章

他者と社会

この章では社会心理学に関する有名な研究を紹介する。いずれも歴史的といってよいものだ。

†二つの社会心理学

読者の多くは、社会心理学というと社会の中での人集団の動きや人集団のさまざまな病理的現象を広く取り上げる学問というイメージをお持ちではないだろうか。しかし、それは必ずしも正しくない。実は社会心理学という学問には、社会学における社会心理学と心理学における社会心理学とがある。冒頭で述べたような社会心理学は、おおむね前者、すなわち、社会学における社会心理学を指している。ただ、社会学における社会心理学は、残念ながら、必ずしも研究の盛んな領域ではないようだ。むしろ、これから紹介する心理学的な社会心理学こそ社会心理学の中心的な領域をなしている。

では、心理学的な社会心理学とはどのようなものであろうか。それは、個人とその周辺の比較的少数の他者との間で生起する対人行動に関わる仕組み、特徴などを明らかにすることをめざすものである。そのため心理学的な社会心理学では、数名の被験者を実験室に招き、そこで起こるさまざまな対人行動や態度、意見などの変化を明らかにするという手法がとられる。このような研究方法を中心に発展した一連の研究を、実験社会心理学ということもある。

実験17 アッシュの同調行動の研究――なぜ周囲に合わせてしまうのか

実験社会心理学の研究で、まず最初に取り上げるべきものはソロモン・アッシュ（1907―1996）の同調に関する研究である。アッシュはポーランド出身だがアメリカに渡り、ドイツから移り住んだウェルトハイマー（第2章）の影響を受けた。

同調とは、人が態度や行動を他人（とくに多数派）に合わせることをいう。似た概念に協調というものがあるが、こちらは、他者とうまくやってゆくという程度の意味である。それに対し同調は、必ずしも本人が納得していない、理解していない、どう考えても合理的とはいえないにもかかわらず、自分が孤立したり、不利になったりすることを恐れて、他者に態度や行動を合わせるという意味を持つ。

この研究が発表された論文は、九つの実験から構成された70ページに及ぶ長大なものだが、ここではその一部を簡略化して紹介する[1]。

被験者は大学生である。実験には8人の被験者がいるが、実はこのうち7名は実験協力者で被験者としての役割を演じてもらっている。残りの1名のみが本当の被験者である。

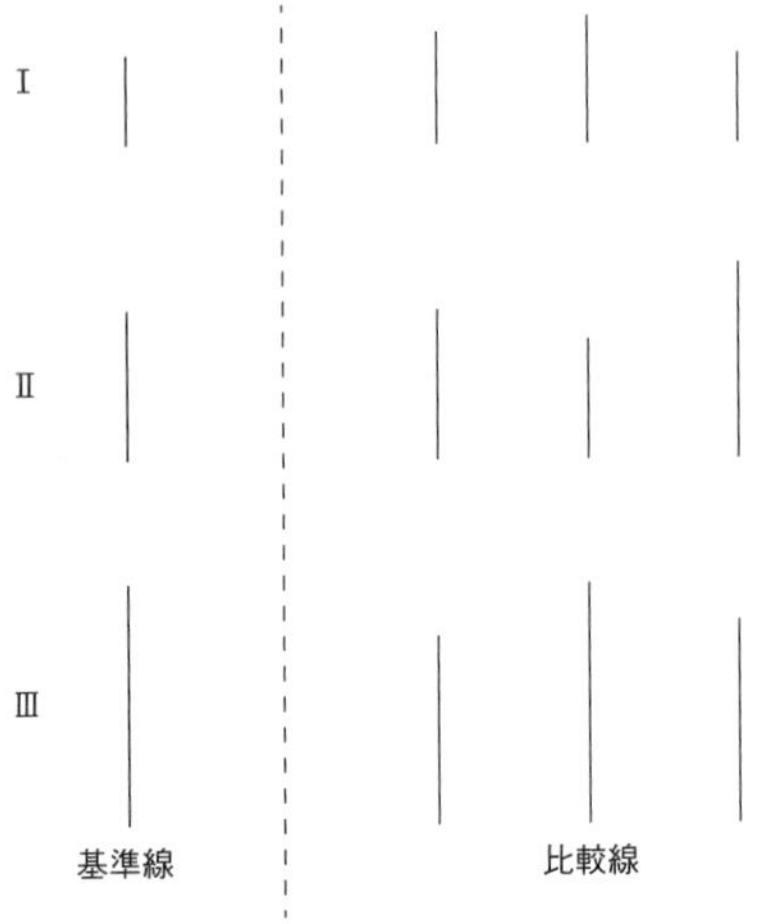

図6-1　基準線と比較線

課題はいたって簡単なものである。まず最初に1枚のカードが示される。そこには図6-1の左のような線が1本描かれている。この線を基準線ということにする。つづいて、同図の右のような長さの異なる線が3本描かれたカードが見せられる。このカードの線は比較線と呼ばれる。被験者は、実験の担当者から「3本の比較線のうち、基準線と同じ長さのものはどれでしょうか。なお、回答は座席の番号順にお願いします」と指示される。

前述のように8人の被験者のうち7人はあらかじめ演技するように指示を受けている実験協力者で、本物の被験者は8番めの被験者1人である。実験協力者たちは、3本の線のうち明らかに誰が見ても基準線と同じ長さとは言えないある線を、基準線と同じ長さであると回答する。つまり、誤った判断をする多数派を演じる。そして、いよいよ8番めの本物の被験者が回答する順番になる。そこで、被験者は3本の比較線のうちどれを選ぶであろうか。自分で見た通り同じ長さの比較線を選ぶだろうか。それとも、自分ではおかしいと思っても、明らかに異なる長さの比較線を選んだ多数派の実験協力者にあわせて、誤った長さの比較線を選ぶだろうか。

この手続きを線の長さの異なる課題を用いて12回繰り返した結果が表6-1である。

この表は、12回の実験で基準線とは異なる長さの比較線を選んだ回数を表したものである（対照群というのは実験協力者などのいない状況で被験者がどのような選択をするかを見たグループである）。当然のことであるが、37人中2人を除いて基準線と同じ長さの比較線を正確に選んでいる。一方、実験群であるが、12回すべてで基準線と同じ長さの比較線を正確に選んだ被験者は１２３人中29人しかいない。それ以外の１００人近い被験者は、少なくとも１回は実験協力者たちの不正確な選択に同調している。ただ、個人差もかなりある。12回の実験のうち１〜３回程度で同調的な態度を見せた者が35人いるが、全体の３分の２、つまり８回以上同調的な態度をとった被験者も35人い

表6-1　12回繰り返した結果

誤った比較線を選んだ数	対照群（37人）	実験群（123人）
0	35	29
1	1	8
2	1	10
3		17
4		6
5		7
6		7
7		4
8		13
9		6
10		6
11		4
12		6
ある被験者が同調した回数の平均値	0.08	4.41

る。おそらく、実験協力者の明らかにおかしな行動に疑問を持ち、悩みつつ、やむを得ない気持ちで同調行動をとることを選んだ被験者もいたが、他方で、この異常な状況について悩み考えるのはあっさり放棄して早々に同調行動を選んだ者もいたのであろう。それらすべて込みにして算出した被験者1人当たりが同調した回数の平均は4・41回となっている。

いずれにせよ、人というものは、このように客観的に見れば誤っていることが明白な事態でも、その中におかれると、自分の意見を曲げて多数派が判断したおかしな意見に同調してしまうのである。

†重要な選択における同調

アッシュの実験は、人間がいとも簡単に自分の見聞きした事実の正しさを曲げて多数派の意見に同調してしまうことを示したものとして注目を浴びた。しかし、批判もあった。それは、アッシュが実験に使った線分の長さの比較という課題が被験者にとってそれほど重要とはいえない内容であったということだ。この実験課題が被験者にとってどれだけ重要か、ということについて次に考えてみる。

例1

数人の仲間で昼食を食べに出かけるとする。選択肢としてラーメン屋とカレー屋がある。仲間はみな口をそろえて「あそこのラーメン屋は価格の割においしくない、だから、カレー屋にしよう」と言う。実は、自分は逆の意見で、「カレー屋こそ高価な割にはそこまでおいしくない」と思っている。

例2

職場で、顧客にある製品（機械）を納入すべきか、しばらく待ってもらうかの決断を迫られている。在庫は1台あり、顧客もそれをすぐに欲しいと言っている。ところが、その在庫にはちょっとした初期不良があることがわかっていて、使い方を誤ると危険な場合がある。職場の仲間はみな口をそろえ「そのような事故が起こる確率は何万回に1回程度だ。それより顧客はすぐに納品されることを望んでいる」という。しかし、自分は以前の職場で同じような初期不良が原因で事故が起こり、けが人が出たことを実際に見ている。だから、仲間とは逆の意見で「欠陥があり、たとえ何万回に1回でも危険性があるとわかっているのであれば、そういう製品を納入すべきではない」と思っている。

この二つの例のうち、例1についていえば、同調してもしなくても決断によってもたらされる結果はさして重要ではない。しかし、例2の場合、同調的な行動をすることでその欠陥のある製品が販売され、その結果事故が発生した場合のことを考えれば、同調するかしないかは、かなり重要なポイントになる。

次に紹介する実験は、アッシュの同調の実験の助手も務めたことのあるスタンレー・ミルグラム（1933―1984）による実験である。[2] この実験はアッシュの実験を受けたものであるが、以下の二つの点でアッシュの実験と異なっている。まず一つめは、上でも述べたように、被験者が同調的な行動をとることによってもたらされる結果が重大なものになった点である。すなわち、この実験では、被験者が実験の監督者の指示に従い他者に対して生命の危険をもたらす可能性のある強い電気ショックを与えるかどうかが観察される（なお、電気ショックを受けることになっている被験者は実験協力者であり、実際に電気ショックが与えられたわけではなく、与えられたかのように演技をしているだけである。これについては後述する）。二つめ、アッシュの実験があくまで被験者の多数派（実験協力者）への〝自発的な〟同調行動をとりえたのに対し、ミルグラムの実験では、被験者は実験の監督者から電気ショックを与えるように指示されて、その指示に服従するか、拒否するかという、より切羽詰まった状況での行動が観察された。この二点の違いを念頭に置きながらミルグラムの実験について見てゆこう。

実験18 ミルグラムの服従実験——人はどこまで命令に従うのか

実験の対象者は成人男性40名でさまざまな職業の者が含まれていた。彼らは、イェール大学で記憶と学習に関する研究を行うので協力者を募集しているという新聞広告などを通じて集められた。実験室に来るとまず報酬が支払われた。これは、被験者が実験を途中でやめるようなことがあっても返金する必要はないと告げられた。被験者は2名が同時に実験室に呼ばれていたが、本物の被験者はこのうちの1名で、他の1名は事前に説明を受け台本通りに演じている実験協力者であった。

まず、実験の監督者からこの実験では被験者は「教師」役と「生徒」役に分かれてもらうことが説明され、クジ引きによって本物の被験者が教師役、実験協力者が生徒役になるよう分けられた（なお、このクジは偽物で必ず被験者が教師役になるように仕組まれていた）。実験室は中央が窓のある壁で仕切られていて二部屋になっており、教師役、生徒役がそれぞれの部屋に入った。生徒役は椅子に座らされ、電気ショックが流されるベルトで固定された。

実験は、以下のような流れで行われた。実験者は教師役に用意された問題を出すように指示すると、教師役が問題を読み上げる。問題は対連合学習といわれるもので、生徒役は「赤い─リンゴ」「速い─自動車」のようなペアになった言葉を記憶して後でそれを思い出すと、四つの選択肢の中から選んでそれに対応する目の前のボタンを押すというものである。もちろん、一定の割合で間違うように事前に打ち合わせてあった。

教師役がいた部屋には電気ショック発生器と書かれた箱があり、そこには30段階の電圧を指定するスイッチがついていた。スイッチの下には15ボルトから450ボルトまでの電圧が表記されており、さらに、「微弱なショック」「中程度のショック」「激しいショック」……などと説明も書かれていた。実験の監督者は、教師役にここから隣の部屋の生徒役に電気ショックを与えることになると説明された。いうまでもないことだが、実際には電気ショックは与えられていない。生徒役は電気ショックのスイッチが押されたとき、あたかも、電気ショックを与えられたように演技していただけだ。

教師役（被験者）は生徒役（実験協力者）に順番に問題を与えていった。そして、1問間違えるたびに、電気ショックの電圧を1段階ずつ上げていった。はじめのうち、生徒役は特に痛みを訴えたりすることはなかった。しかし、300ボルトに達するころから壁をドンドン叩いたり、叫び声をあげるようになってきた。

図6－2　ミルグラムの服従実験

さすがにそのような状態になると、教師役の被験者は電気ショックを与えるスイッチを押すことを躊躇するような態度を見せるようになる。するとそこで、実験の監督者は冷静に「続けてください」「どんどん進めてください」「続けなければなりません」などと言い続けた。被験者（教師役）はそれに従ってスイッチを押し続けるかどうかが観察された。そして、最高値の450ボルトに達するか、または生徒役の苦しそうな状態を見かねて、電気ショックを与えるスイッチを押すことを拒否した段階で実験は終了となった。なお、最後に被験者は実験について説明を受け、精神的なショックが残ることのないよう、また生徒役との気まずい関係が解消されるようにケアされてから帰宅した。

さて、実験の結果は表6-2に示した。40人

表６－２　40人の実験結果

電気ショックの強さ（ボルト）	その電圧までスイッチを押した人数
微弱なショック	
15	0
30	0
45	0
60	0
軽微なショック	
75	0
90	0
105	0
120	0
強いショック	
135	0
150	0
165	0
180	0
非常に強いショック	
195	0
210	0
225	0
240	0
強烈なショック	
255	0
270	0
285	0
300	5
極度のショック	
315	4
330	2
345	1
360	1
危険：激烈なショック	
375	1
390	0
405	0
420	0
×××	
435	0
450	26

の被験者のうち、３００ボルト未満で実験を継続することを拒否した者は誰もいない（ちなみに家庭用のコンセントに来ている電気の電圧はアメリカではだいたい１２０ボルト、日本では１００ボルトである）。それ以上になると３００ボルトで５人、３１５ボルトで４人、３３０ボルトで２人、３４５ボルト、３６０ボルト、３７５ボルトで各１人の被験者が、この実験をこれ以上継続できないとして拒否しているが、最終的に26人の被験者は監督者からの指示に従い最高値４５０ボルトのスイッチを押すに至っている。

†ミルグラム実験が問うもの

この結果をどう考えればよいだろうか。実験の監督者は心理学者であり、実験はイェール大学という学術研究において十分な権威のある機関の中で行われた。一方、目の前で生徒役が電気ショックを与えられて苦しむ姿に対しては人道的な見地から何もしないわけにはゆかない。教師役は明らかにジレンマに立たされる。そのとき、多くの人が実験の監督者の指示に服従してしまうのである。さきほどのアッシュの同調行動の実験では被験者が多数派の被験者（実は実験協力者）に同調したのは線分の長さについてである。基準線と別のどの線分が長さが同じと答えるかだけであり、特段、人道上の問題は生じない。それに対し、このミルグラムの実験では人はこのようなジレンマに置かれたとき権威に従うのか良心に従うのかという究極の問題が問われていたのだ。

実は、この実験においてこれほどはっきりと服従的な行動が見られることは、必ずしも予想されていたわけではなかった。ミルグラムはあらかじめ当時彼の所属していたイェール大学の心理学専攻の学生14名に、この実験で最も強力な４５０ボルトのスイッチを押す被験者がどのくらいいるか、予想してもらっている。その結果は１・２パーセントであった。ところが、実際は26名、65％に達していた。人間は予想以上に権威に弱いことがわかったのである。

この実験が発表されたのは1963年である。この3年ほど前、ナチス・ドイツのゲシュタポ（秘密警察）でユダヤ人を強制収容所に移送する責任者であったアイヒマンが、逃亡先のアルゼンチンで逮捕され、さらにイスラエルで裁判にかけられ絞首刑に処せられたということがあった。このアイヒマンの裁判を傍聴したハンナ・アレント（1906―1975）をはじめとした識者の報告するところによれば、アイヒマンは一般にイメージされるような残忍な人物というより、昇進したいという欲求は比較的強いものの、概してごく普通のありふれた人間で、ユダヤ人虐殺に加担したのも、「命令に従ったまでのことだ」と繰り返すだけだったという(3)。

世間では、ミルグラムの実験結果は、このアレントなどによって描かれたアイヒマン像を実験的に再現したものと受け止められた。そして、普通の平均的な人が権威者にいとも簡単に服従し、何らかの精神に異常をきたしている人でもなければ行うことはないだろうと思われるような非人道的な行動をしてしまうことを示した研究として衝撃をもたらした。そのため、ミルグラムの実験はアイヒマン実験とも呼ばれるようになった。

また一方で、この実験は研究倫理上の議論を引き起こすことになった。まず、この実験では騙しが多用された。被験者はこの実験は記憶と学習に関する実験であると説明されていたし、生徒役の被験者は実験協力者であり実際の被験者ではなかった。もちろん、この程度のことは心理学の実験ではよくあることだし、実験終了後に本当のことを説明すればよい。しかし、この実験の場合、教師役の被験者は、生徒役の実験協力者に電気ショックを与えることを指示されたわけだが、これは被験者に相当な精神的苦痛を与えていた。このような苦痛を与えることが許されるのかという指摘もあった。

さらにいえば、そもそも研究目的とはいえ、このようなかたちで人間のもっている非人道的な側面を実験的に再現することが許されるのかという問題もある。

このミルグラムの実験は、心理学の実験の倫理上の問題を浮き彫りにし、これ以降、そのあり方について議論が重ねられるきっかけになった。

なお現在では、ほとんどの学会や大学、研究機関などで研究実施上の倫理規定が定められている。そして、このような実験を行う際は、それぞれの学会、大学、研究機関等で事前に審査が行われる。このミルグラムの実験のような研究がそれらの審査をパスすることはまずありえない。

†同調や服従はなぜ起こるのか

さて、アッシュの同調、ミルグラムの服従の実験は、人が、明らかに〝おかしい〟〝筋が通らない〟〝人道的に問題がある〟と思われるような場面でも簡単に多数派に同調してしまったり、権威者に服従してしまったりすることを明らかにした。

ただ、この結果はあくまで、ある外的な条件が揃ったときそのような行動が起こるということが確認されただけである。その行動がどのような意識的、無意識的な心の仕組みによって起こったかについては十分説明していない。むしろ、その行動が招く結果の重大性のほうがクローズアップされてしまったといえるかもしれない。

このような一見ありえないと思える行動がなぜ起こりうるか、その心の仕組みについて説明したのが、次に紹介するレオン・フェスティンガー（1919―1989）による認知的不協和理論である。

まず、フェスティンガー自身も取り上げている簡単な例から考えてみよう。

ある人は喫煙者である。自分がタバコをよく吸うということは自分でもわかっている。一方、タバコの包装紙を見るとタバコの健康被害、受動喫煙の危険性などの文言、つまり警告表示が目に入る。読むまでもなく、タバコは健康に良くないということが思い出されてくる。この「自分は喫煙者である」という自分自身に対する理解と「タバコは健康に良くない」という知識はその人の意識の中で相互に矛盾する。矛盾するというのはあまり気分の良いことではない。このようなとき、その人はどうするだろうか。

とにかく、この気分の悪さを解消するべく何らかの動きをとるだろう。一番簡単なのは、まず、目の前にあるタバコの包装紙を捨てることである。警告表示が目に入らなくなれば、とりあえず一時的には気分の悪さは低減する。しかし、それでも次にまたタバコを買えばやはり包装紙に同じことが書いてある。また、気分が悪くなる。同じことの繰り返しだ。やっぱりタバコをやめるしかないか、そうすれば、この気分の悪さを味わわなくても済む……。いやいや、でも、タバコはやめないほうがよいかもしれないぞ。そもそも自分がタバコを吸うのは仕事の休憩中にリラックスするためだ。実際にリラックス効果はあるし、ストレス解消になっている。きっとこの喫煙がなければ、ストレスが溜まってやがては自分の体に健康被害をもたらすに違いない。つまり、自分のようなタイプの人間の場合、おそらく「リラックスできないことによる健康被害」のほうが「喫煙による健康被害より大きい」のだ。だから、喫煙が健康に良くないといっても差し引きすればタバコをやめないほうがよいのだ……。

だいたいこんな感じではないだろうか。

フェスティンガーは、この「自分は喫煙者である」という自分に関する知識（つまり、認知）や、タバコは健康によくないという知識（認知）を要素と呼んだ。そして、一方の要素から導き出される結論がもう一方の要素から導き出される結論と逆になる状況、つまり、相互に矛盾する状況を不協和と呼んだ。そして、この不協和な状態は協和な状態に向かうべく何らかの行動を引き起こしたり、要素に変更を加えたりする。こうした一連の仕組みが考えられるとフェスティンガーは考えた。これが認知的不協和理論の基本的な仮説である。(4)

†認知的不協和理論と同調、服従

さて、この認知的不協和理論をもとに、前に紹介した同調や服従といった行動について考えてみよう。

まず、同調に関する実験についてである。最初に提示された基準線と同じ長さの比較線がどれなのかについては一目でわかる。ここにかなり確固とした認知、すなわち要素ができあがる。一方、課題がきわめてやさしいこともあり、他の被験者(実験協力者)も自分が選択した比較線と同じ比較線を選ぶはずであるという要素も同時に成立する。この二つの要素の間には通常矛盾はない。つまり、協和の状態になるはずだ。ところが、他の被験者の大多数は自分と同じ線分を選んでいない。二つの要素は不協和な状態にある。さて、この不協和は何とかして解消されなくてはならない。

課題はどうみても間違えるようなものではない。自分は正しいはずだ。しかし、他の多

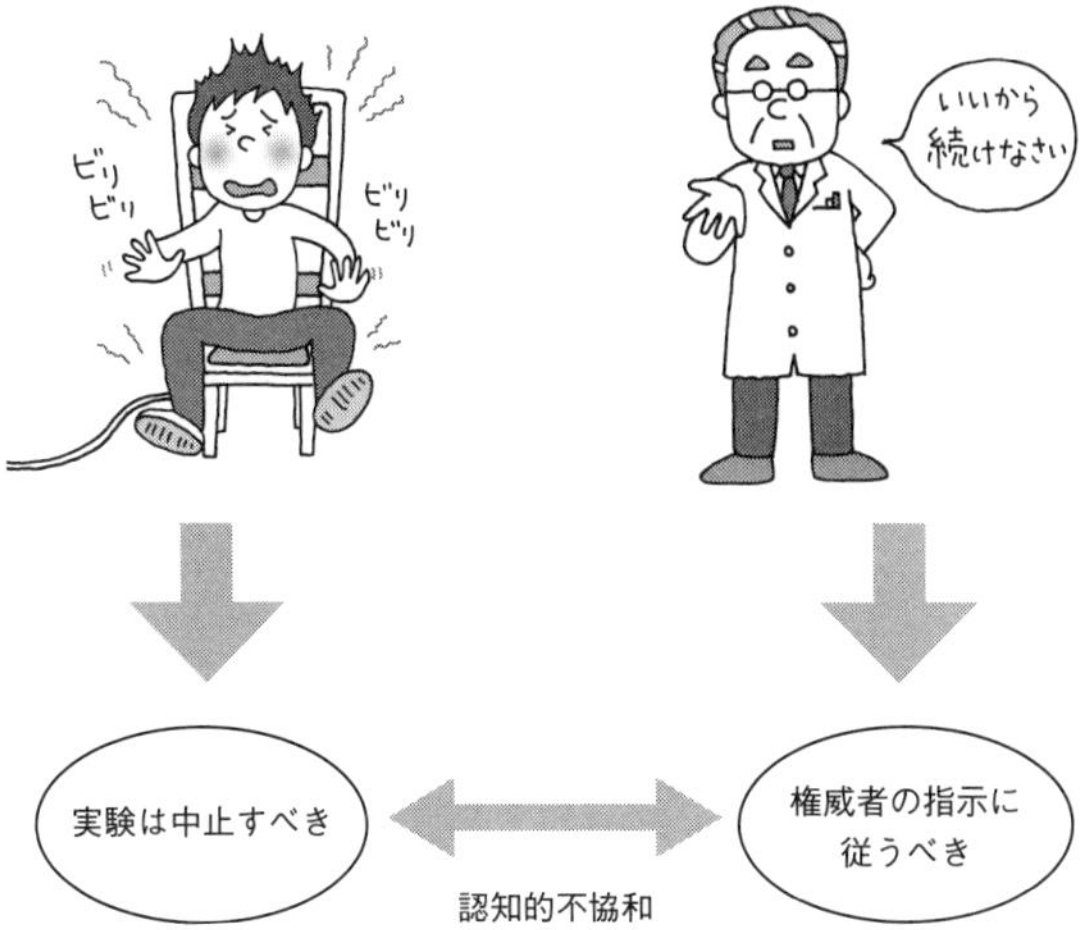

図6－3　服従実験における認知的不協和

数派の被験者は自分の眼から見る限り間違えているとしか思えない線分を選んでいる。他の被験者に間違っていることを指摘すべきだろうか。しかし、相手が一人か二人ならともかく、かなりの人数がいる。これだけの人数で、しかもその全員がこんな簡単な課題を間違えるはずはない。すると、おかしいのは自分なのかもしれない。もしかすると、自分は何か説明を聞き間違えているのだろうか。それとも自分の眼がおかしいのだろうか。いずれにせよ、この状況は自分が最初に選んだ比較線こそ正しいという認知からは目をそらして、多数派の選んだ比較線こそ正しいと自分に言い聞かせればよい。そうすれば、不協和も解消する……、とこんな感じで多数派に対して同調的な行動をするのではないだろうか。

さて、もう一つの服従実験についても考えてみよう。ここでは、教師役の被験者は、（実際は演技だが）電気ショックを与えられ痛み、叫ぶ生徒役の被験者（実験協力者）を目にして、人道上の見地からこのような危険な実験は中止すべきであると考える要素と、専門家であり危険性はないと言っている実験の監督者、すなわち権威者の指示には従うべきであるという要素とが不協和を起こしている（図6-3）。そして、その不協和を解消するために教師役の被験者は生徒役を見殺しにして権威者である実験の監督者の指示に従って服従し、電気ショックを与え続ける……、とおおよそこんな感じで説明がつくはずだ。

こうしてみると、アッシュの同調の研究、ミルグラムの服従の研究はいずれも、対人場面における人間の行動が合理的でないことを示す具体例として取り上げられたものであることがわかる。一方、フェスティンガーはそのような合理的とは言えない行動がどのような心理的な仕組みによって引き起こされるかという過程を明らかにするために認知的不協和理論を作り上げたといえるだろう。

さて、認知的不協和理論の立場からフェスティンガーらが行った実証的研究の別の興味深い実験を次に紹介したい[5]。

実験19 フェスティンガーの認知的不協和理論――退屈な仕事ほど価値がある？

実験の被験者はスタンフォード大学の心理学入門の受講生71名（実際に分析の対象となったのは60名）だった。被験者は三つのグループに分けられ、「今回の実験は作業成績の測定に関する研究である、時間は1時間程度で終わるが、その他学生のインタビューなども受けてもらうので2時間近くかかる」といったことなどが説明された。

実験室に入ると、まず課題が与えられた。課題は12個の糸巻きを皿から皿へ移し、それらを片手で回したりするといった単純で退屈な課題であり、ほとんどの被験者は退屈していた。それらを1時間ほど繰り返した。ここまでは三つのグループとも同じ実験手続きで行われた。

さて、このあとであるが、とくに何もない対照条件のグループでは、被験者をしばらく待たせたのちにインタビューを行い、終了となった。次に報酬を支払われる条件であるが、報酬は1ドル支払われる条件と20ドル支払われる条件の二つがある。金額が異なる以外の手続きは同じである。この二つの条件では、実験者からまことしやかな説明が行われる。その説明とは、「実は、この実験には二つのパターンがある。一つめは、作業の方法を説明するだけのパターンで、今、実施した実験はこのパターンである。二つめのパターンであるが、これから行う予定の実験がそれで、作業自体は同じだが被験者の気分を高めやる気を出させるため、「面白かった」「楽しかった」などと書かれた実験の感想文を目の前にチラチラみせることで気分を誘導するものである。この役目は普段はアルバイトの学生を雇ってやってもらっているのだが、今日は急きょ欠席となって困っている。そこで、申しわけないのだが、今日に限りその役割をお願いしたい、なお、手伝ってくださった方には20ドル（別の条件では1ドル）の謝礼を支払いたい」というものである。もちろん、二つのパターンなどというのは騙しである。

実験者は部屋を出てゆき、ほどなく別の被験者らしき人（実験協力者）を伴い戻ってくる。そして、「こちらは次に実験を受ける○○さんです」「こちらは、前に実験を受けた△△さんです」「△△さん、○○さんに実験の様子を話してください」と言い、行ってしまう。騙された被験者は、実験者から言われた通り、「面白かった」「楽しかった」などと書かれた実験の感想文を目の前にチラチラ見せながら話をするものの、実験協力者のほうは「先週、友達がこの実験を受けていて、その話では、退屈だったというけどね」などと反論するも、次第に被験者の話をうなずきながら聞くようになった。間もなく実験者は部屋に戻り実験協力者に実験室で実験を受けるように指示した。そして、残った被験者にはそれぞれの条件に応じて1ドル、または20ドルが支払われた。

表6-3　実験結果の表

	実験条件		
インタビューでの質問	対照条件	1ドル条件	20ドル条件
課題がどの程度面白いものだったか（-5から +5で評定）	-0.45	+1.35	-0.05
課題からどれほどのことを学んだか（0から10で評定）	3.08	2.80	3.15
科学的重要性（0から10で評定）	5.60	6.45	5.18
似たような他の実験への参加（-5から +5で評定）	-0.62	+1.20	-0.25

ここから先は再び対照条件と報酬を支払われる条件の手続きは同じになった。実験の最後の場面ではインタビュアーが現れ、(1)課題は面白かったか（マイナス5からプラス5の11段階）、(2)この課題からどれほどのことを学んだか（0から10の11段階）、(3)この研究に科学的重要性が認められるか（0から10の11段階）、(4)この実験と似たような他の研究もやってみたいか（マイナス5からプラス5の11段階）の四つの質問について聞き取り、被験者の評定を書き取った。

そして、最後に実験の本当の目的が説明され、1ドル、または20ドルの報酬も回収された。

さて、表6-3に示した結果を見てゆこう。

はじめに、(1)課題は面白かったか、という質問であるが、1ドルの報酬を支払われた条件は、他の二つの条件よりも、評点が高かった。つまり、課題が面白いと評定していた。また、(3)この研究に科学的重要性が認められるか、についても1ドル条件でやや重要性を高く評価する傾向が見られた。なお、他の二つの質問については統計学的には有意な差は見られなかった。

フェスティンガーは、この結果を認知的不協和理論から説明してみせた。まず、この実験で用いた課題についてだが、糸巻きを片手で移動させるといったような非常に退屈きわまりない課題だった。ここに一つめの要素、課題は非常に退屈である、というものが見いだせる。これを要素Aとする。次にもう一つの要素について考えてみる。「他人に面白いと嘘をついた」という要素である（要素B）。要素Aと要素Bは明らかに矛盾する。つまり、認知的に不協和な状態にある。

このときどちらかの要素を変化させて不協和を解消しようとする仕組みが動き出すのだが、本実験では1ドル条件と20ドル条件という二つの条件があった。実はこの報酬額の違う2条件は要素Bに二つのサブタイプ（B_1、B_2）をつくっていた。

実験で、不協和低減の仕組みがはっきりと動きだしたのは、1ドル条件だった。この条件では報酬として1ドルしかもらえず、さらに面白くないものを面白いと嘘をついたと感じていた。これを要素B_1としよう。もう一つの要素はB_2である。長時間拘束され退屈な思いをさせられたり、嘘をついて他人を騙したとはいえ20ドル（この実験は1959年に発表されたものである。当時の貨幣価値を考えればかなりの金額になる）の報酬を支払われたので「まあ、ひと儲けできたことだし、つまらない実験だったけれど、よかったことにしよう」という要素である。この2種類の要素のうちB_2は、Aとの間で不協和を引き起こしていなかったのである。なぜなら、「課題はつまらなかったし、嘘までつかされた」、しかし、「まとまったお金がもらえたから「よし」としよう」ということになっていたからである。

一方、B_1は不協和を生み出していた。「課題はつまらなかったし、嘘までつかされた」「しかも、2時間も拘束されてたった1ドルしかもらえなかった。損をした気分だ」と思うと、何とも不快なはずである。自分は何のためにこの実験をしたのだ。何とかして自分なりに納得いく方向にもってゆくことで不協和を解消したい。そこで、無理やりこう考えてみる。実は、この実験は自分には退屈に感じられたが、多くの人にとって面白かったのではないだろうか、そうだとすれば、自分は嘘をついたのも少しは許されるだろう。また、この実験は心理学の研究上どうしても必要な重要度の高い研究だったのではないだろうか。そうやって自分を納得させようとしているうちに、いつのまにかそういう気持ちになって不協和も低減されてくる。

この実験の結果はそういうふうに理解できるのではないだろうか。「(1)課題は面白かったか」という質問に対して、1ドルの報酬を支払われた条件のほうが他の二つの条件よりも評点が高かったのは、この課題は面白かったはずだと自分で思い込もうとしたからなのである。また、(3)この研究に科学的重要性が認められるか、についても1ドル条件でやや重要性を高く評価する傾向が見られたが、それは自分の実入りは少なかったとしても協力したことが学問の進歩に貢献したのだと自分に言い聞かせることで、自分の行為に対する意味づけをしたからなのである。フェスティンガーはこのように解釈した。

この実験の面白いところは、直観的に予想される結果と理論から予想される結果が正反対になるところだ。直観的には、他人や何らかの活動に関わって報酬を得られるのなら、より高い報酬を支払ってくれるほうがよいに決まっている。しかし、繰り返すまでもなく、終了後の被験者のこの実験に対する評価は、報酬額が異常に安いグループのほうが高い評価を与えている。

†意識内での整合性

この章の前半で紹介したアッシュの同調行動に関する実験やミルグラムの服従に関する実験では、人がおかれた状況次第でいとも簡単に常識を疑うような行動に走ることが確認された。なぜ、誰が見ても異なる長さの線分を、実験協力者にあわせて同じと答えてしまうのだろうか。家庭用の電気を軽く上回る450ボルトの電気ショックを人体に流せば、感電するに決まっている。実際に対象者（実は、実験協力者）は（演技ではあるが）痛みを訴えているではないか。それにもかかわらず電気ショックを流すボタンを押してしまうのはなぜなのだろうか。

認知的不協和理論は、それに一つの答えを与えている。つまり、人間の判断は外的な事象を客観的に認知することによって行われているのではなく、意識内の認知的要素の整合性という観点から行われているということだ。論理的に見て適切かどうかではなく、意識の中でバランスがとれているか、違和感がないかどうかが問題なのだ。

†ゲシュタルト心理学と社会心理学

このように意識と外の世界が一対一に対応するものではなく、意識は意識でひとまとまりのものとして意識の世界の論理に従って動くという発想は、どこかで聞いたことはないだろうか。もう、わかっておられる読者も多いと思うが、このような発想は第2章で取り上げたゲシュタルト心理学に由来している。

ゲシュタルト心理学はドイツで生まれたが、その中心を担ってきた研究者の多くはユダヤ系が多かったこともあり、ナチスが台頭すると、いずれもアメリカに移り住んだ。第2章で紹介したウェルトハイマー、コフカ、ケーラーはいうまでもなく、さらに、その少し下の世代にあたるクルト・レヴィン（1890—1947）、フリッツ・ハイダー（1896—

1988）などもみなドイツからアメリカに移住した（もっともこの中のケーラーとハイダーはユダヤ系ではなかったが）。

レヴィンは、個人の思考や行動が集団からどのように影響を受け、また、影響を与えるかを図式化したグループダイナミクス（集団力学）を創始し、マサチューセッツ工科大学にグループダイナミクス研究所を作った。前述の認知的不協和理論のフェスティンガーはレヴィンがアイオワ大学時代に指導した学生である。

ハイダーはオーストリアの生まれで、グラーツ大学でゲシュタルト心理学成立以前にゲシュタルトの概念に着目したクリスティアン・フォン・エーレンフェルス（1859－1932）の教えを受け、やがて、ゲシュタルト心理学のグループに加わった。

ハイダーの理論はバランス理論と呼ばれる。これは、ある人（自分P）と他者（相手O）との関係が良くなったり悪くなったりするのはなぜかについて、第三の事象（X）を用いて説明するものである。第三の事象Xに対しPとOがともに好意を持っている（あるいは、ともに敵意を持っている）場合は、PとOとの関係は安定する。しかし、PとOのうちどちらかがXに対し敵意をもち、もう一方がXに対し好意をもっている場合は、PとOとの関係は不安定な状況になる。ハイダーはこれを基本原理に対人関係を説明する理論を作り上げた。

こうしてみると第二次世界大戦後の社会心理学の基本的枠組みを築いた主だった心理学者は、そのほとんどがゲシュタルト心理学の後裔《こうえい》であったことがわかる。また、その扱ったテーマも広い意味で、ファシズムに直面した人間の行動の特徴に焦点をあてたものだった。

ウェルトハイマーの錯覚の実験（第2章）からはじまったゲシュタルト心理学だったが、その伝統は意外なところで引き継がれていたのである。

第7章

発達と愛着

†発達とは何か

教科書的な定義から本章を始めるのは恐縮だが、発達とは人（やその他動物）の受胎から死に至るまでの時間的経過に伴う量的、質的変化のすべてをさす。一般には幼児、児童期の心理学的側面を扱う幼児心理学および児童心理学、思春期から青年期にかけての心理的な変化を研究対象とする青年心理学などといった用語のほうが馴染みがあるが、これらは発達心理学の一部分を切り出したものである。

現代の心理学で発達心理学は花形領域である。大学でも児童心理学や青年心理学のゼミは大盛況だ。それは著者が学生だった30年以上前でも同じだった。しかし、50年前、70年前はというと、そうではなかったようだ。

第1章で紹介したように、20世紀の前半に心理学の世界を席巻したのは行動主義であった。行動主義は、1913年、J・B・ワトソンによって発表された「行動主義者の見た心理学」という論文に端を発する。そこでは、心理学を自然科学のなかの純粋で客観的な実験的領域の一つとして定義し、その目的は行動を予測し、コントロールすることにあるとした。外から入力された刺激をもとに出力される反応を予測することこそが心理学の目的だと考えられたのだ。

しかし、現実には人には知能、性格、身体能力等々の個人差がある。外から入力された刺激に対する反応も、おそらくこうした個人差の影響を受けたうえで行動として表出されるはずである。だから、反応には個人差がある。しかし、心理学は外的な刺激に対する人の行動を予測し、コントロールするものと定義してしまったワトソンにとって、これはちょっと都合が悪い。

そんなこともあり、ワトソンは人には生まれつきの個人差などないという立場をとるようになった。では、何が個人差を生むのか。それは生後どのような環境に置かれ、どのような刺激を受け、それを条件づけによっていかに身につけたかによって決まるというのだ。その一つの例として感情が学習される仕組みを実証しようとしたのが、第1章の実験3「ワトソンの男児アルバートの条件づけ」だったわけだ。

このような条件づけによる学習は乳幼児、児童、青年、成人、老人に関わりなく共通するものである、と暗黙裡に理解されていたから、それぞれの発達段階に応じた研究などする必要性があまり感じられなかったのである。

†児童研究運動の登場と衰退

では、行動主義以前の児童や青年の発達に関する心理学的な研究とはどんなものだったのだろうか。

ウィリアム・ジェームズについては序章で紹介した。アメリカの心理学の生みの親とでもいうべき人物である。このジェームズが最初にハーバード大学で博士論文を指導した学生にG・スタンレー・ホール（1844―1924）という人物がいた。ホールは、一人での思索を好むジェームズとは対照的な活発な性格だった。クラーク大学の学長として大学の管理運営にあたり、アメリカ心理学会の初代会長としてアメリカの心理学者をまとめ上げ、さらに、多くの弟子を育てるなどその活躍は多岐にわたった。ホールは、ジェームズより2歳若いだけだったし、二人の関係は師弟関係というよりライバル関係にあったといえるかもしれない（少なくともホールはそう思っていたはずだ）。

そのホールが力を入れていた活動の一つに児童研究運動というものがある。これは1880年代から1920年ごろまで行われたもので、義務教育の普及に伴い当時不足していた児童期の子どもの知識、能力、性質に関する理解を深めるため教育現場と研究者が協力して調査報告を行おうというもので、今日、心理学の研究でも広く行われているアンケート調査を初めて大量に導入したものでもある。
たとえば、6歳児に教師が質問し得られた結果によれば、6歳児の80％はミルクが牛の乳由来のものであることを理解しているが、革製品が動物の皮革からできていることを知っているのは6％とのことであった。ホールはこのような調査を大量に実施し、その結果を彼一流の博識をもって解説した。

図7-1　ホール（前列中央）　ホールはさまざまな面で革新的だった。当時、ヨーロッパではあまり認められていなかったフロイトの精神分析を積極的に評価し、フロイトをアメリカに講演に招いたことでも知られる。これはそのときに撮られた写真。前列左からフロイト、ホール、そしてユング。

彼はとくにヘッケルの進化論（「個体発生は系統発生を繰り返す」で知られる）に傾倒しており、それを立証するためにさまざまな調査を試みた。ただ、それはやはり彼一流の恣意的な解釈によるものだった。たとえば、1904年に発表した論文では、猫をペットにもつ子どもの行動を質問紙で調査したが、その結果、猫に対する子どもの反応は、人類の歴史において古い時代に大人が猫に対して示していた反応と同じであるという結論を得ている。これは、系統発生的により古い時代の大人の反応が今日の子どもの個体発生の中で観察されたと主張したかったものと思われる(1)。

このようなホールの発達心理学がいつまでも名声と評価を保ち続けられるはずもなく、1900年代になると児童研究運動は下火になってきた。それに代わって登場してきたのがワトソンの行動主義だった。その明快な人間観と単純な理論的主張はたちまち発達心理学の世界をも席巻した。

†孤児院問題

実は行動主義の発達論が急に台頭してきた背景には、もう一つ孤児院問題というものがあった。孤児院問題とは何かというと、19世紀以前の孤児院に収容されている子どもの異常なまでの死亡率の高さの問題である。たとえば、ニューヨーク州の聖メアリー救護院に1862年に収容された2114人の子どものうち、半数以上の1080名が1年以内に死んでしまったという(2)。同様の記録は20世紀に入ってからも報告されており、アメリカ国内の10の施設を1915年に調査した結果によれば、1か所を除きそれらに収容された子どもの全員が2歳までに死亡していたという。

驚くほど高い死亡率である。もちろん、この問題に多くの孤児院の医師たちが取り組むことになった。彼らがまずターゲットにしたのは目に見えない敵、ウィルスや細菌などの病原体であった。感染を防ぐために子どもの寝床の距離をとり、窓は開けて常に換気がなされるようにし、保育者も接触時間を可能な限り短縮することが求められた。もっとも望ましい子どもの育て方は、埃一つ入らないガラスの保育器の中に子どもを入れて育てることだった。

一方、17世紀にイギリスの哲学者ロックが言ったように白紙の状態で生まれてくる人間に制御された刺激を与え条件づけを行い、その無限の組み合わせと積み重ねによって子どもをいかなる職業にでも就くことができるように養育すると豪語したのがワトソンだった。ワトソンにとって親の愛情(という感情)を帯びた刺激が与えられることは、制御された刺激を与え計画的に条件づけを行うことへの妨害であり、阻止すべきことであった。

このようなワトソンの考え方と、予防のため子どもを外界から遮断して育てようという孤児院の感染症対策とは、実際は共通するところが多く、彼らはたちまち同盟関係を作り上げた。彼らの考えに基づく育児書が次々と出版され、その多くがベストセラーになった。

その甲斐あってか1930年代に入ると孤児院や小児科病棟の子どもの死亡率は低下した。しかし減ったとはいえ、その死亡率は決して低くはなかった。加えて、当時の医療技術の水準ではやれることも限界に来ていた。保育や小児医療の現場では、これ以上感染症対策がとれない状況と、一定水準以下に減らない死亡率との間で行き詰まりを感じていたのである。

第二次世界大戦が始まり、次第に戦火が激しくなってくると、ヨーロッパの主要都市は空襲の危険に晒されることになった。都市部の子どもは親元を離れて地方に疎開することも増えてきた。こうした子どもは疎開先で清潔な住居を与えられて、十分な食事を与えられても、無気力、無関心で感染症にもかかりやすかった。その様子は、隔離された環境で育てられた孤児院や小児科病棟の子どもたちの様子にそっくりだった。

このような状況に対し、一部の医学者は、孤児院問題の原因はむしろ親から引き離されて施設や病院の隔離された環境で育てられることにあるのではないかと指摘し始めた。

その最初の一人として有名なのがウィーン出身のユダヤ人医師でのちにアメリカで活躍したルネ・スピッツ（1887―1974）だった。彼は清潔で外界から隔離された孤児院の子どもたちの様子と、女子刑務所に併設された保育園の子どもたちの様子とを比較した。女子刑務所の保育園では、設備が整っているとも、衛生的ともいいがたいところに子どもが詰め込まれていた。ただ、そこでは子どもは一定時間、受刑者である母親と遊ぶことが許されていた。一方、孤児院では8人の子どもに対し1人の看護師が配置されていただけだった。4か月間の観察期間の終了時、感染症による死亡者の多いのは設備の整った孤児院の児童のほうだった。施設の子どもたちの死亡率が高い理由は明らかであった。母親など主たる養育者との感情的な関わりをもてない子どもは、周囲に無関心であるなど社会性の問題に加え、無気力といった精神的健康上の問題、さらには、免疫力の低下などの身体的健康上の問題を抱えていたのだ。このような施設の子どもが抱える心身両面の健康上の問題はホスピタリズム（施設病）と言われるようになった。

ホスピタリズムは、やがて第二次世界大戦が終わると、戦争で親を失った多くの孤児を収容した孤児院でも大きな問題になった。

†アタッチメント（愛着）の発見

次に登場するのはジョン・ボウルビィ（1907—1990）である。ボウルビィはイギリスの医師でフロイトの精神分析を学んだ。フロイトの理論の詳細は本書の範囲を超えるので立ち入らないが、フロイト派と呼ばれる人たちは子どもと母親との関係についても関心をもっていた。

それによると子どもと母親との結びつきは、初めは主として乳房を通して形成されるのだという。まず、空腹で何か栄養になるものが欲しいという欲求がある。それは乳房に接近し、乳を吸うことで解消される。乳房と同時に目の前に現れるのが母親だ。母親自体は最初は子どもにとって意味をもたないが、繰り返し、乳房と同時に出現することで、乳房と母親とが同時に出現するものであることを学習する。こうして、最初の母子関係が成立するという。

ところが、フロイトの理論を学んだはずのボウルビィはこれに反対する。子どもの母親に対する関係というのは、このように二次的に形成されるものではない、というのだ。生まれたばかりの子どもは無力な存在である。飢えが満たされても、それだけでは足りない。外敵から身を守ってもらう必要がある。そのためには自分の身を守ってくれる特定の大人との関係を作っておく必要がある。多くはそれが母親になるわけだが、必ずしもそうである必要はない。ただ、自分が泣けば飛んできて、外敵から身を守ってくれ、安心できる相手が必要だ。この安心できる相手との関係は愛着（アタッチメント）と呼ばれ、アタッチメントを作ろうとする傾向は、生まれつきの能力であり、本能的なものなのだという(3)。

1950年代に、ボウルビィがこの説を出すと、彼は古巣であるフロイト派から猛反撃を受けた。

しかし、実験心理学の領域からこのアタッチメントの存在を実証しようという鬼才が現れた。次に紹介するハウロウである。

実験20 ハウロウのサル実験——空腹を満たすより大切なこと

ハリー・F・ハウロウ（1905―1981）は行動主義の時代の心理学者だったので動物を研究対象にしていた。さきほど述べたように、外からの刺激に対しどういう反応が表出されるかについて関心をもっていた行動主義者にとっては、そもそも心の中で何が起こっていたかを言葉で説明してもらうこと自体が不要であった。となると、行動が単純でわかりやすい動物のほうが人より実験しやすかったのである。

ハウロウははじめスタンフォード大学でターマン（次章参照、知能検査で知られる）の指導を受けたが、やがて動物実験に関心をもち、条件づけの研究をしていた。第1章でも見たように条件づけとは新しい行動を身につけさせることであり、何かを学習させることである。動物に（そして、おそらく人間にも）何かを学習させるには報酬、餌で釣るのがいちばんよい。うまくできたら餌を与え、できなかったら何も与えない。この単純なプロセスの繰り返しで、動物は一つ一つの行動を身につけてゆく。

ところが、ハウロウはサルを相手に学習の実験をやっているうちに不思議なことに気づく。ハウロウが夜実験を終えてサルのケージに施錠し、消灯して帰宅しようとすると、なぜか消したはずの電灯がついている。最初は消し忘れかくらいに思っていたが、どうもそうでもない。しまいにハウロウは、1匹のサルが長い尻尾を動かして電灯のスイッチを操作することを覚えて、面白がってやっていることに気づいた。サルは餌を与えなくても学習するのである。

また、いくつかの金具を組み合わせてできあがっているような装置があり、これをバラバラに分解してゆくという課題があった。少し違うかもしれないが、知恵の輪というものをご存じの方も多いと思う。あのようなものを想像していただけばよい。サルにそれを与えると、サルは普段の学習課題のように1問できるたびに報酬のバナナを与えなくても、一心不乱にやっている。つまり、人がゲームに病みつきになるような現象がサルにも見られるのである。

これはのちに内発的動機づけの例として広く知られるようになるが、ここでひとまず注目したいのは動物や人の行動を一次的に動機づけているのは餌（食物、栄養）だけでないという点だ。さきほどボウルビィが、子どもが母親に接近しようとするのは乳房が栄養を供給するからだというフロイトの考え方を批判し、子どもは母親に接近しようとする生得的な動機をもっているという説を唱えたことを紹介した。ハウロウもこれと同じ構図を描くこととなったのだ。つまり、サルは餌をもらうためにパズルを解くのではない。面白いと思えば進んでやろうという内発的な動機をもっていて、そうした動機によって行動が起こされることもあるのである。ならば、ボウルビィが指摘した母親に接近しようとする動機も、生得的な動機としてサルに備わっているのではないかと(4)。

これを実証するためにハウロウがとった実験方法は実に巧妙なものだった。まず、母親に接近しようとする動機をどのように実験的に測定するかが問題になる。ハウロウらは、以前から、サルの子どもが柔らかい布素材を好むことに経験的に気づいていた。これは、人間の子どもが母親からぎゅっと抱きしめられたがることに似ている。人やサルの子どもはそうやって母親から抱きしめられることによって緊張を解消する。そこには外敵から身を守る効果があるだろう。ハウロウらはこのサルの子どもが布素材を好むことこそ、サルの愛着を形成する動機が表出されたものと考えたのである。

そして、もしこの動機が二次的なのであれば、それはあらかじめ栄養(餌、食物)と結びつけられる必要がある。しかし、この動機が生得的な一次的なものであれば栄養(餌、食物)とは無関係に働くはずだ。

実験では、生後間もなく母親から引き離されたサルが対象になった。サルは実験のために、実験室内で人工栄養によって育てられることになった。栄養は図7-2のような代理母に取り付けた哺乳瓶で与えられた。これは針金によって作られているが、実験室には針金が剝き出しのもの(左側)と布をかぶせたもの(右側)の二体が置かれていた。そして、

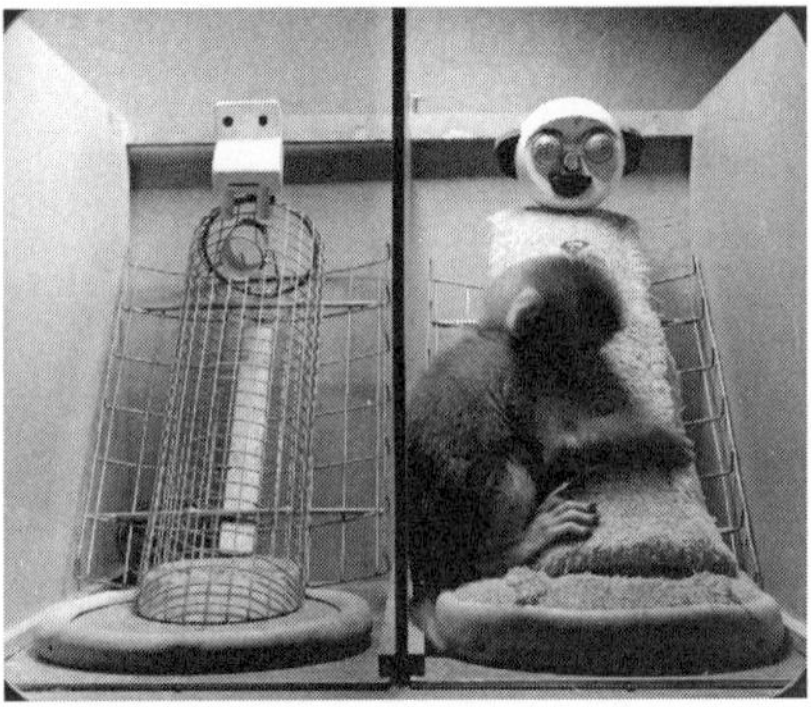

図7-2　ハウロウの実験の模様

(1)針金の代理母から授乳を行う場合、(2)布をかぶせた代理母から授乳を行う場合の二つの条件が設定された。そして、二つの実験室のそれぞれでサルの子どもが1日のうち何時間をそれぞれの代理母のもとで過ごすかが記録された。

もし、フロイトや行動主義者の言うように、母親に接近しようという動機が栄養と結びつくことによって学習されるものであるのならば、おそらく布製であるかどうかにかかわらず、授乳を行う代理母と結びつきができ、そこで長時間過ごすことになるであろう。一方、母親に接近しようという動機が生得的なものであり、独自のものであるならば、針金の代理母のもとで過ごす時間は授乳時間のみとなり、それ以外の時間は布製の代理母のもとで過ごすことが多くなるであろう。

結果は後者を支持するものであった。図7-3からもわかるように、授乳をする代理母が針金製か布製かにかかわらず、サルの子どもは布製の代理母のもとで過ごす時間のほう

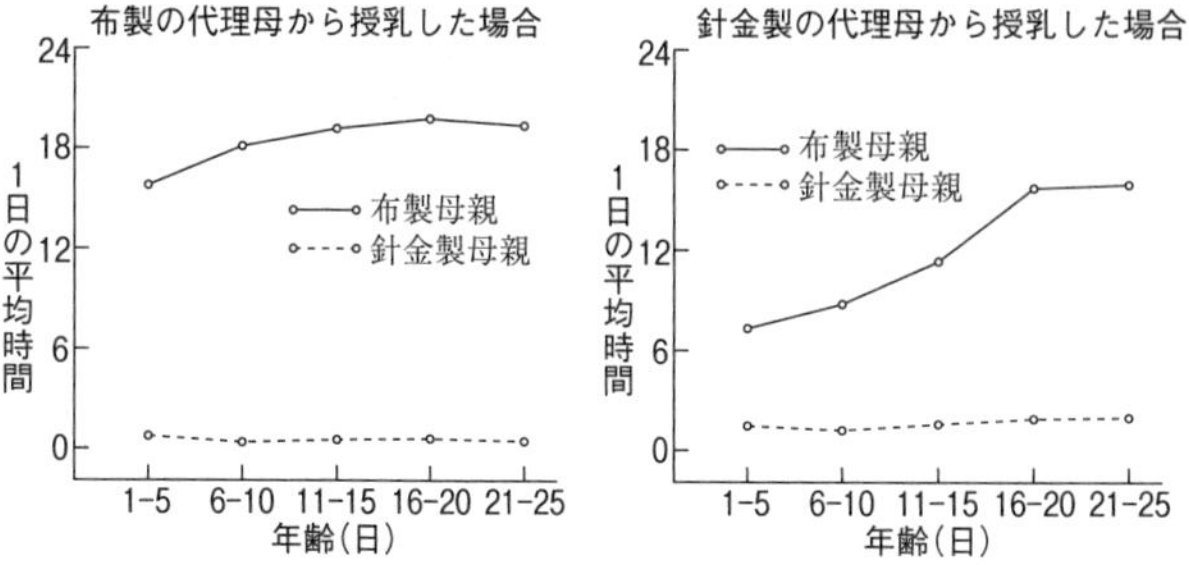

図7-3　サルの子どもが過ごした時間

が圧倒的に長かった。つまり、針金製の代理母から授乳されていたサルは、空腹時には針金製の代理母のもとに行って授乳を受けるが、満腹になると布製の代理母のもとに戻ってきていたのである。

この結果は、ハウロウの立場が、人やサルにおける愛着を形成しようという動機が生得的であるとしたボウルビィの考え方と軌を一にするものであり、実証的な発達心理学の新たな方向性を開拓したことを意味する。ボウルビィとハウロウはやがて知り合うところとなり、彼はハウロウの在籍していたウィスコンシン大学を訪ねてもいる。

ところで、サルの子どもが母親に接近しようとする生得的な動機を持っている理由として、サルや人の乳幼児には自分を守る手段がほとんどなく母親から守ってもらう必要性があるからだと考えられることはさきほども述べた。おそらく、そのような動機を持っていなければサルの仲間や人類はとっくに滅亡していただろう。

†好奇心という動機

ところで、そのような生得的な動機は他にもあった。探索動機である。探索動機とは知らないところを探検してみようという動機であり、新しいものに好奇心を持ち、チャレンジしてみようとするような動機であり、これも生き延びるためには必要なものだ。これがなぜ必要かといえば、人や動物は、今現在は自分の居住する身の回りで食糧が足りていたとしても、やがて来ないとも限らない飢饉に備えて知らないところを探検しておいて、いざというときには、そこで食糧を調達しなくてはならないからだ。

そのため、サルの子どもにも人の乳幼児にも（そして大人も）、普段は行かない自分の周囲を探検してみようという好奇心や挑戦心が備わっている。さきほど尻尾で電灯のスイッチを点けることを楽しんでいたサルも、こうした好奇心に駆られてやっていたのである。

ただ、この好奇心や挑戦心というのは、ときに自らを危険にさらしうる動機でもあり、その意味では、アタッチメントを形成しようという動機とは対立する。もちろん、この二つの動機はどちらも必要なのであり、両者のバランスがとれていることが重要なのである。そのような二つの動機のバランスという点に目を付けたのが、次に紹介するエインスワースの研究である。

メアリー・D・エインスワース（1913―1999）は、アメリカ生まれで、カナダのトロント大学で学んだ後、イギリスに渡ってボウルビィの助手となり3年ほど勤めた。さらに、夫の転勤に伴いウガンダに移住し、ウガンダの部族の母子関係を観察し始めた。

そこで、エインスワースが気づいたのは、子どもが母親との間に安定したアタッチメントを形成すると、子どもは母親に抱きつくばかりではなく、そこから少し離れて、母親の視線が届く範囲内で自由に小さな冒険を始めることだった。エインスワースは、この現象を子どもが母親を安全基地にして探索行動を行っている状態、つまり愛着を形成しようという動機と探索動機とがバランスよく表出されている状態だと考えた。

のちにエインスワースはアメリカに帰国し、この着想をもとに、子どものアタッチメントと探索行動の関係を体系的に分類する方法を開発した。それが次に述べるストレンジ・シチュエーション法[5]である。

実験21　ストレンジ・シチュエーション法――愛のかたちを測れるか

ストレンジ・シチュエーション法とは、実験用の小部屋に母親と子ども（1歳児）を招き、その様子を隣室からワンウェイミラー（いわゆるマジックミラー）で観察するというものである。所要時間は約20分、8つのエピソードから構成されている（図7-4）。

エピソード1　子どもを抱いた母親が観察者（研究者）に伴われて入室する。間もなく観察者は部屋を出る。
エピソード2　母親は所定の位置に子どもを下ろして、自分は決められた椅子に座る。母親はとくに子どもが注意を引こうというような反応をしない限りは、できるだけ何もしない。3分間。
エピソード3　そこに見知らぬ人が入ってきて母親と会話をする（1分間）。その後、だんだん子どもとの距離を縮めて玩具などを見せたりする（3分間）。母親は退室する。
エピソード4　ここでは、もし子どもが楽しく遊んでいるようなら見知らぬ人はとくに関わらない。もし、じっとしているようだったら玩具に興味をもつように働きかける。もし、子どもが泣くなどしているようなら気分をそらしたり、慰めたりしてやる。もし、泣き止まないようであったらこのエピソードは中断するが、ふつうは、3分間行う。
エピソード5　母親が再び入室してきてドアのところに立っている。見知らぬ人はそっと退室する。

図7-4　ストレンジ・シチュエーション法の流れ

エピソード6　母親は再度退出する。子どもは一人になる（3分間）。もし、子どもがひどく泣いているようならこのエピソードは行わない。
エピソード7　見知らぬ人が再び入室する。以下、エピソード4とほぼ同じ手続きの繰り返し。
エピソード8　母親が戻ってくる。母親と子どもは再会し、その様子が観察される。見知らぬ人は退出する。

以上のエピソードを、アメリカの中流家庭のおよそ50週（ほぼ満1歳）の子どもとその母親に実施し、観察データを分析した。

なお、これがストレンジ・シチュエーション法と呼ばれるのは、見知らぬ人が出入りしてそのときの子どもの反応をみるエピソードが含まれているからである。

分析の結果、対象児の母子関係のパターンはおおよそ三つに分類できることがわかった。まず、多くの子どもは実験室に入ると探索行動を示し遊び始めた。母親が退出したり、見知らぬ人が入室すると苦痛を示すことなどもあったが、間もなく母親が戻るとすぐに元に戻った。このパターンはタイプBとされ、安定した愛着を形成している者とされた。

次に、母親が退出するときにほとんど苦痛を示さず、また、母親が戻ってきても母親のところに近寄ることのない子どもたちがいた。このパターンはタイプAとされ不安－回避型と名づけられた。

最後にタイプCは、母親が立ち去るとき最も激しい苦痛を見せるが、タイプAのように母親と再会することで安定的な方向に向かわず、むしろ母親に攻撃性を向けるなどの特徴を持つ。このパターンは不安－抵抗型といわれる。

三つのタイプのそれぞれが占める割合は、エインスワースらがアメリカ、ボルチモアの対象者26ケースから採取したデータを分析した結果、安定型（タイプB）が56％、不安－回避型（タイプA）が26％、不安－抵抗型（タイプC）が17％となった。この結果はウガンダでの値ともほぼ一致する(6)。

ただし、日本で三宅和夫らが実施した二つの研究のサンプルでは安定型（タイプB）がおよそ7割、不安－抵抗型（タイプC）が3割だったが、タイプA（不安－回避型）に分類される者はいなかった。これについて三宅は、これまでも人類学者や精神医学者らによって「日本の母子関係が密着したものであり、母子が分離することが少ないという指摘がされてきており」、そうしたことから「ある程度予想していたこと」と述べている(7)。

ただ、この三宅らの研究は1980年ごろ実施されたものであり、40年が経過した現在でもこのような結果が得られるかどうかは著者にはわからない。連日のようにマスコミを通して報道される児童虐待やネグレクトの話題を見聞きしていると、日本の母子関係も以前とは変わりつつあるのではないかと思うからだ。

第8章 発達と知能

次に、認知能力の発達に関する研究について見てみよう。この分野でまず名前を挙げなければならないのは、20世紀の中盤に活躍したフランス系スイス人の心理学者ジャン・ピアジェ（1896―1980）である。ピアジェは、子どもの認知能力が発達する段階として、(1)感覚－運動期、(2)前操作期、(3)具体的操作期、(4)形式的操作期に分類した。

†感覚－運動期

まず、はじめの感覚－運動期は、子どもが生まれてからおよそ2歳ごろまでの時期がこれにあたる。この時期の子どもは言葉を使うことができない。では、どうやって子どもは外の世界を認識するのであろうか。

子どもは生まれて間もないころから手や足を動かしたり、ミルクを飲むとき口で吸うこともできる。このようにいくつかの基本的な行動様式は持っている。ピアジェはこれをシェマと呼んだ。子どもはこのシェマを用いて外の世界を認識するのである。

たとえば、横に倒すと音が出るクマのぬいぐるみが、ベッドの左側に置いてあったとする。子どもがあるとき偶然左手を伸ばしたところ、手がぬいぐるみにあたって倒れ、音がした。さらに何度か偶然、同じことが重なると、やがて子どもは自分の左手を動かすことで音が出るものがあるということを理解するようになる。しかし、子どもは音が出るクマのぬいぐるみがあるからだということまではわからない。このとき子どもは、左手を伸ばすというシェマを用いてこのぬいぐるみを認識したことになる。この段階でいう認識とは、具体的なものを表象（意識）することではなく、手や足の動き、唇で吸うというような、基本的な動作で対象を関係づけることなのである。

ピアジェは、子どもがすでに持っているシェマで対象を認識することを同化という言葉で表現している。これに対し、すでに持っているシェマでは対象を認識するのに十分でなくなる場合も出てくる。このようなときは、子どもの側で自分のシェマを作り変えて認識の対象に合わせなくてはならない。このことを調節という。

クマのぬいぐるみの例でいえば、子どもははじめはすでに持っているシェマを用いて「左手を伸ばすと音が出るもの」として認識していればよい。シェマの同化の働きで認識できるのである。しかし、やがて母親が「クマさん」と呼ぶものと、自分の左手を伸ばして音が出るものが同じものであることに気づくようになると、自分が持っているシェマでは十分に対応しきれなくなる。

そこで、自分の持っているシェマを調節して、クマのぬいぐるみを一つの物として認識するという新しいシェマが生まれてくる。このように物を物として表象（意識）して認識することができるようになった段階で、感覚－運動期は終わる。なお、同化と調節はどの段階でも起こりうる現象で、感覚－運動期だけのものではない。

†前操作期

次の前操作期にあたるのは、おおよそ2歳から4～5歳くらいまでの時期である。子どもが外界の世界の事物を表象として意識して認識することができるようになると、前操作期が始まる。子どもは物事を意識して認識するというシェマを使うことができるようになるのだが、このシェマで認識できるのは、あくまで現在、目の前に存在しているものについてだけで、見えないものや、過去、未来の出来事について考えることにはまだ困難が伴う。

このことを示す例としてよく取り上げられる実験がある。まず、子どもの目の前に二つの同じ大きさのコップを置く。そのうちの一つにオレンジ色の液体を4分の3の高さまで注ぐ。次に、もう一つのコップにやはり4分の3ほど青い液体を注ぐ。そして、子どもに「二つのコップの飲み物は、どちらがたくさん飲めますか」と質問する。子どもは「どちらも同じ」と答える。

そこで、今度はオレンジ色の液体の入ったコップはそのままにして、もう一つのコップ

図8－1　コップの中身はどちらが多い？

の中身の青い液体を、子どもの目の前で細長いコップに移し替えて、再び同じ質問をしてみる（図8-1）。すると4〜5歳の子どもでは「こっち（細長いコップ）がたくさん飲める」と答えるという。初めに見せた二つの液体は同じ量であり、その後細長いコップに移し替える際も新たに液体を加えていない。だから、二つのコップの液体の量に変化はないはずである。にもかかわらず、子どもは少し前のことは忘れてしまい、ただ円筒形の見かけの長さに惑わされて、二つの量が異なると答えてしまうのである。

この実験は連続量の保存の実験と言われるものである。ここで問題にされた量の保存、つまり、容器を移し替えて見た目が変わっても、量そのものは変わらないということが確実に理解できるようになるのは6歳くらいからだという。

このように自分の目の前のことだけに振り回されてしまい、事物の客観的な特徴を認識できていない子どもの思考の特徴を、知的自己中心性という。知的自己中心性を示すよい例として、次の実験を紹介したい。

1メートル四方の板の上に高さ20〜30センチ程度の山の模型が三つ置いてある（図8-2）。まず、子どもをこの山の模型のAの側に座らせて、よく見るように指示する。次に山のかたちをした3枚のカードを渡し、子どもが現在座っている位置から見た景色と同じようにカードを配置させる。さらに、人形をCの側に立たせて、人形から見た山の景色はどのようなものかを、カードで並べさせる。

この課題を5歳くらいの子どもにやらせると、自分の側から見た景色を構成することはできても、反対側にいる人形から見た景色がどのようなものかを作ることはできない。この課題ができるようになるのは、7歳を過ぎたころからである。

この課題ができるようになるためには、自分の目の前に見える事物の姿に惑わされることなく、三つの山の位置関係を整理し反対側から見た景色を想像するという一連の操作を、頭の中で行わなくてはならない。自分の側から見える姿に縛られている知的自己中心性を捨てて、脱中心的思考が行えるようにならなくてはならないのである。この脱中心的思考が行えるようになると、次の具体的操作期に到達する。

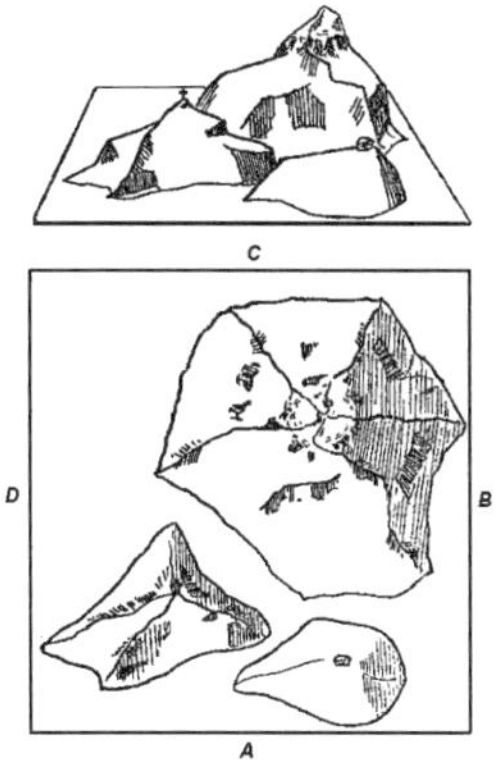

図8－2　三つの山課題

†具体的操作期

さらに続く具体的操作期は、6～7歳くらいから11～12歳くらいの時期に相当する。子どもは目の前の出来事に惑わされることなく、現在、未来、過去などの出来事について頭の中で考えることができるようになる。

ただ、この段階の子どもの認知は、成人の認知の特徴をまだ十分に備えていない。たとえば、次のような実験をしてみる。

四つの薬品A、B、C、Dと試薬Gがある。このうちAのヨウ化カリウムとCの過酸化水素水を混ぜた混合液に試薬Gを混ぜると黄色くなる。まず子どもには、事前にAとCを混ぜておいた液の入ったコップを見せる。次に、そこに試薬Gを数滴入れて変色するのを確認させる。そして、子どもはAからDの四つの液体を自由に使って、同じようにGに反応する液体を作るように指示される。

この課題を与えられた7歳の子どもは、最初はAに試薬Gを入れ（A×G）、変化がないと、次に、B×G、C×G、D×Gと4通りを試み、そこで諦めてしまった。しかし、実際のところ組み合わせはこれだけでない。1種類の薬品で試薬が反応しなかったならば、次は2種類の薬品をA×B×G、A×C×G、A×D×G、……と順に組み合わせ、それでもうまくいかなければ3種類の薬品を組み合わせてゆけばよい。しかし、その手続きができるのは12～13歳くらいになってからである。このように具体的操作期にある子どもは、目の前にある事物を1対1で組み合わせるような単純な操作はできるが、複雑な論理を考えて組み立て、それを実行することはできないのである。

†形式的操作期

そして最後の形式的操作期に達するのは12〜13歳以降であるといわれている。この段階に至って子どもは成人と同じような論理的な認知能力、つまり形式的操作をすることができるようになる。

形式的操作の特徴を挙げれば、まず目の前の具体的な事物に縛られることなく仮説を立てて、それを演繹する手続きをとることができる。前に紹介した薬品を組み合わせ、色が出るようにする課題についていえば、子どもは、すべての組み合わせを試みればやがてはできるだろうという仮説を立てて、それを実行できるようになる。

また、ピアジェは形式的操作とは命題的思考のことであるとも述べている。つまり、この段階に達した子どもが思考する材料は、目の前にある具体的事物ではなく、その事物に含まれる主張や特徴を抽象化した命題であるということである。命題を数学的、論理的に考察することこそ、形式的操作だというのである。

以上がピアジェの認知能力の発達に関する学説の概略である。彼は認知能力の発達の4段階は、さまざまな社会的影響を受けつつも、必ずこの順番通りに発達すると述べている。彼の考えでは、人の認知能力の発達を規定する要因は、生得的な要因に負うところが大きいといえる。

実験22　ピアジェの量の保存の実験——自己中心的な子どもの認知

ところで、いま紹介した量の保存の実験や三つの山課題の実験はたいていの心理学の教科書で取り上げられているもので、ピアジェというとまずは思い出されるものだが、その一方で、これらの実験がピアジェの著作の原文に帰って紹介されることは意外に少ない。そこでここでは、このうち量の保存の実験に関する記述を紹介してみる。文語調で少々読みにくいので、苦手な人は読み飛ばしてもよい。

まず、量の保存が理解できていないとされる4歳児とのやり取りである。

Blas（4才）女：「あなたには、お友だちがあるでしょう？」——「ええ、オディットがいます」——「じゃあ、クレレット、あなたには、赤いシロップ（オレンジ・エード）のはいったコップ（A_1、4分の3ばかり充たされている）をあげましょうね。それから、オディットには、青いシロップ（レモネード）のはいったコップ（A_2、水面の高さはおなじ）をあげましょう。どっちがたくさん飲めますか？」——「おなじことです」——そこで、クレレットは、自分のシロップを、別の2つのコップ（B_1と

B_2、2分の1の高さのところまで、充たされている）に入れる。「クレレットは、オディットとおなじですか？」――「オディットの方がたくさんあります」――「どうして？」――「だって、こっちの方が（B_1とB_2）少なくされたんですもの」（といって、Blasは、コップが2つあるということについては考慮しないで、水面の高さを指さす）――（おなじようにして、オディットのシロップを、B_3とB_4へ注ぎかえる）――「おんなじです」――「じゃあ、こんどは？」（クレレットのB_1＋B_2のシロップを、もっと細長い管のようなコップ（L_1）に、注ぎかえる。このばあいには、コップは、ほとんどあふれるばかりになっている）――「あたし（クレレットのL_1）の方がたくさんあります）――「どうして？」――「こっちのコップ（L_1）の中へ注ぎかえたのに、（といって、Blasは水面の高さを指さす）こちらの方（B_3とB_4）は、注ぎかえなかったからです」――「だけど前には、おなじだったでしょう？」――「ええ」――「じゃあ、こんどは？」――「あたしの方が多いんです」(1)

赤いシロップと青いシロップは初め同じコップに入れられたので同量と答えている。しかし、赤いシロップを二つのコップに分けてそれぞれ2分の1の高さまでしか入っていない状態を見せられると、青いシロップのほうが多いと答えている。

次いで青いシロップを同じ二つのコップに移し替えたものを見せると、「同じ」と答えている。さらに赤いシロップを細長いコップに移し替えて高さがギリギリの状態になると、今度は、細長いコップがいちばん量が多いことになった。

次に量の保存が獲得された6歳児との対話をみてみよう。

Aes（6才6カ月） A_1とA_2に、4分の3ばかり充たした後、A_1をP_1（巾がひろくて、背がひくいコップ）へ注ぐ。「こうやってもやっぱりシロップは、もう1つのコップとおなじだけありますか？」——「少なくなります」——（A_2をP_2へ注ぐ）「これとあなたの（A_2は、この子のコップだとかんがえられている）とをくらべると、やっぱりおなじだけ飲めるでしょう？」——「あっ、そうです。おなじです。これが大きい（巾が広い）から、少ないようにみえるんですが、おなじです」——（P_1とP_2を、A_1とA_2にもどして、A_1をB_1とB_2の中へ注ぐ）「こんどは、ロジェの方が、あなたより多い？」——「ぼくとおなじです」（確信をもっていう）——「もしあなたのシロップを4個のコップの中へ（A_2をC_1＋C_2＋C_3＋C_4へ）注ぐと？——「やっぱりおんなじです[2]」

二つの同じ大きさのコップに4分の3ほどシロップが入った状態で見せる。そのうち一つをより直径が広くて背が低いコップに移し替え、どちらの量が多いか尋ねる。一方が直径の広いコップに変わったので、見かけは変わっても量は同じと答えている。

今度は元の二つのコップに戻して、そのうちの一つの中身を別の二つのコップに注ぐ。これらともう一つのコップを比べてもらうと「同じ」と答える。さらにそれを四つのコップに分けて入れるとどうなるか聞いても「同じ」と答えている。つまり、当初用意したシロップを飲んだり、こぼしたり、あるいは追加したりしない限り、量は容器の数、大きさとは関係ないのである。

以上、ピアジェの実験報告のほんのさわりの部分を読んでみた。イメージしていたものとだいぶ違うという感想を持たれた読者も多いのではないかと思う。実は、ピアジェの実験報告はこのようなものが、彼一流の抽象的な議論も織り交ぜながら、数百ページにも及ぶこともあり、なかなか気楽に読み通せるものではない。またピアジェの実験は、今日の厳密な統制された空間で行う実験と比べると、心理学実験として十分な要件を備えたとはいえないものも多かった。実験の対象者もピアジェ自身の子どもや身の回りの少数の子どもを対象にしていることが多く、データも統計学的に吟味されることもなかった。

†ピアジェ以降の認知能力研究

現在、発達心理学者の間では、ピアジェは子どもの認知能力を過小評価していたという意見が強い。これは、彼がもともと生物学者として出発したこととも無関係でないのかもしれない。それはともかくとして、彼の実験報告を読んでお気づきかもしれないが、彼の実験場面の設定の仕方は、子どもにとって日常的なものとはいいがたい。そのような中で子どもは、よくわからないままピアジェや彼の同僚に誘導尋問でもされるように答えていった。そして、子どもの認知能力を低く見積もるピアジェの見方を裏づけるような結果を見せたのかもしれない。

ここで紹介した量の保存の実験では、しばしば「同じ」とか「同じですか」といった言い方が用いられるが、これについてハリスとウェスターマンは、「幼児は、物理的世界の経験が限られているので、「同じ」といった相対的に複雑な言葉がまだ十分に理解できないのかもしれないし、彼らが十分に理解できない大人の質問に直面した時に単に推測しただけかもしれない。もしこの場合、例えば、馴染みの筋書きで複雑な言語が少ないといった同一の課題の簡単にされたバージョンであれば、ピアジェが考えたよりもはやくこれらの課題を達成できる能力を示すかもしれない」と述べている(3)。

実際これを裏づけるような実験もある。

実験23 いたずらなテディベアの量の保存実験──子どもにとって自然な状況とは

先ほど紹介したピアジェの量の保存の実験はコップに入った2種類の液体を使ったものであったが、ピアジェはほかにおはじきを使った、量の保存の実験を試みている。

これは、数個のガラスでできたおはじき（ビー玉のようなもの）を上下に列に並べるところからはじめる。上列、下列ともおはじきの数は同じであり、等間隔に置いたので列の長さも同じである。これを、たとえば4歳児に見せて、上下どちらの列が多いか、あるいは同じか質問する。子どもは「同じ」と答える。

次に子どもの目の前で上の列のおはじきの間隔を広げて列を長くしてみせる（もちろん、新たにおはじきは加えない）。そしてまた、上列、下列どちらが多いか、あるいは同じか尋ねる。もうおわかりかと思うが、今度は4歳児は上列が多いと答えてしまう。これは量の保存という認知能力が獲得されていないからで、この課題に正答できるようになるのは6歳くらいからとされてきた。

ここで紹介するのは、このおはじきを用いた量の保存の実験を切り口にピアジェに挑んだマクガリクルとドナルドソンの実験[4]である。マクガリクルらは、先ほども述べたピアジ

図8-3　マクガリクルとドナルドソンの実験

ェの実験の不自然な場面設定や子どもを自説に都合のよい方向に誘導しようとするような質問の仕方に疑問をもち、より自然な場面設定で実験を行った。

この実験では、保存の実験は難しいとされる平均5歳4か月の子ども80人が対象となった。実験素材には、前述のようにおはじきが用いられた。この実験では、「意図的につくられた状況」と「偶然に生じた状況」という二つのグループが設定された。意図的につくられた状況とは、実験者が、(1)まず、おはじきを並べ、(2)子どもに質問し、(3)並べ直し、(4)再度質問する、というこれまでも行われてきたやり方のことで、このようなこと自体が子どもにとって不自然と考えられているわけである。

一方、偶然に生じた状況では、まず「ここにいたずらなテディベアがいます。このテディベアはときどき出てきていたずらをして、おもちゃを壊したり、ゲームを台無しにしたりするので、しまっておきましょう」と言って箱に入れることから始める。そして、前述の(1)おはじきを並べる、(2)子どもに質問する、の後、(3)の並べ直しを実験者が意図的に行わず、偶発的にこのいたずらなテディベアが出てきて列を崩し、その結果として、(4)再度何個あるか確認するということで質問する、という流れをとる（図8-3）。つまり、子どもから見て「偶然に生じた状況」は、「意図的につくられた状況」よりも自然な場面設定なのである。

表8-1　実験結果の一部

	条件（各40人）			
	偶然 → 意図		意図 → 偶然	
「同じ」と答えられた人数	32人	19人	14人	22人

さて、80人の対象者の半数は、まず「偶然に生じた状況」で、つづいて「意図的につくられた状況」で実験を受けた（偶然→意図条件）。一方、残りの半数の対象者は初めは「意図的につくられた状況」で、のちに「偶然に生じた状況」で実験を受けた（意図→偶然条件）。表8-1は結果の一部である。

表から見てもわかるように、初めに「偶然に生じた状況」から実験を受けた子どもは、「意図的につくられた状況」から実験を始めた子どもより、量の保存に対して理解がよい。これは、この実験がテディベアによる偶発的ないたずらという子どもの日常にとってごく自然な状況に置かれていたため、研究者の不自然な誘導に乗せられにくかったのだと考えられる。研究者が目の前で突然おはじきを並べ直し、何度もしつこく「同じですか」と尋ねてくるのはいかにも不自然であり、子どもはそこに何か意図があるのではないかと推察し、「同じ」と答えないほうがよいだろうと思って課題を誤る、というケースを誘発していたのである。

そして、その影響は初め「意図的につくられた状況」で実験を受けたグループが後半で「偶然に生じた状況」で実験を受けた際にも影響していることがわかる（「同じ」と答えることができた人数は40人中22人で、初めに「偶然に生じた状況」で実験を受けたグループの40人中32人と比較してかなり少ない）。

†自然さと説明可能性

ところで、いたずらなテディベアが先に登場する状況は、子どもにとって日常的で自然だと言ったが、なぜそう言えるのだろうか。この実験では、実験者が初めにテディベアを紹介し、このテディベアはいたずら好きで実験に乱入してくる恐れがあることを事前に説明しているが、このときもしこのテディベアが「まじめなテディベア」だったらどうであろうか。実験の邪魔などするはずのない「まじめなテディベア」の登場に混乱するのではないだろうか。

つまり、このいたずらなテディベアが登場する状況では、テディベアの行為に対する一貫した説明が可能であることが、子どもを混乱させずに済ませているのである。そして、このテディベアの行為に対する一貫した説明を可能にしているのは、このテディベアが「いたずら好き」という性格（つまり、心理的な特性）を持っているからである。

もっとも、テディベアに心理的な特性などありえないわけだが、幼児は、人形やおもちゃなどの無生物にも生命や心理的な属性があると考える傾向（これを、アニミズムということもある）があるとされているので、それを前提に考えてほしい。その前提をとりあえず受け入れれば、この話はうまく成り立つといえる。

†心理的な特性を持つということ

これまでで、いたずら好きなテディベアとまじめなテディベアという話をしてきた。ただ、いつまでもテディベアにこだわっていても仕方ないので、ここから先は人に戻して話をする。

ある人が「いたずら好き」だったり「まじめ」だったりするとはどういうことだろうか。もちろんこの部分は「明るい性格」とか「怒りっぽい性格」と置き換えることもできる。つまり、ここで論点となっているのは、人（や動物？）の心理的特性の中でも性格特性についてであることがわかる。

たとえば、あなたが約束の時間に遅刻したとしよう。このとき「明るい性格」のAさんは、「申し訳ない」と謝罪するあなたを笑って受け入れてくれた。一方、同じ遅刻という状況で、「怒りっぽい性格」のBさんはもう不機嫌になってしまった。なぜ、同じ状況下なのに二人の表出する行動に違いが生じるかというと、それはAさんとBさんとでは、性格が異なるからである。そのため外部から取り入れられた刺激が同じであっても、性格という異なる心的プロセスを経ることで、異なる行動が起こるのだ。

この例では心的なプロセスとして性格が位置づけられている。性格は、感情や欲求の個人差である。この性格に個人差があることは、ふつう大人なら知っている。「明るい性格」の人ならこのように状況を受け止め反応するが、「怒りっぽい性格」の人だとそれとは異なる受け止め方をして反応するだろう、と想像することができる。人はたいていの場合は誰かと会話をするとき、このような相手の心理的プロセスに個人差があることを考慮しながら話をしている。ところが子どもはそれがうまくできないことがある。おそらくそういったことがわかる能力はある年齢頃までに発達してくるものであるようだ。

次の例は、3〜4歳児が外的な事実に基づく認知が自分と他者とでは異なるときがあることを理解できないことを示している。性格のようなそれぞれの人の内的な要因に由来する曖昧なものではなく、外的に明白な事実について他者がどのように認知しているかがわからないのである。この実験によると、外的な事実に対する自分の認知と他者の認知が異なることがありうるのを理解できるようになるのは6〜7歳ごろだという。

実験24 ウィンマーとパーナーの誤信念課題――「心の理論」の発達研究

ウィンマーとパーナーは、4〜5歳児、6〜7歳児、8〜9歳児の三つのグループの子ども（各グループ12人で合計36名）を対象に次のような実験を行った[5]。

対象者の子どもは男の子（名前はマキシー）と母親の人形が登場する簡単な人形劇を見せられた。母親はケーキを作るための材料を買いに行き、戻ってきたところだった。母親はケーキを作るのに使おうと思ってチョコレートも買ってきた。チョコレートはマキシーの大好物だ。母親はそれをマキシーの目の前で食器棚の緑色の引き出しにしまった。次にマキシーは、運動場に遊びに行くことになり退場した。マキシーが出かけると母親はケーキを作り始めた。そして、緑色の引き出しからチョコレートを取り出して少し使って、残

①マキシーの前で緑色の引き出しにしまう
緑色の引き出し
青色の引き出し
②マキシーが出かけているときに緑色の引き出しから
チョコレートを取り出す
③青色の引き出しにチョコレートをしまう
④マキシーはどちらの引き出しを開けるか？

図8－4　チョコレートはどこにある？

りを今度は青色の引き出しにしまった。そのとき、母親は卵を買ってくるのを忘れたことに気づき、近所のお店に急いで買いに出ていった。そこにマキシーがお腹をすかせて帰ってきた。マキシーはチョコレートを食べようと思い、引き出しを開けた（図8-4）。

さて、このときマキシーは何色の引き出しを開こうとしますか。

いうまでもなく緑色が正解である。マキシーは自分の外出中に母親がチョコレートを使って別の場所（青い引き出し）にしまったことを知らないからである。

この実験の対象者の三つのグループのうち、6〜7歳児のグループと8〜9歳児のグループはほとんどの子どもが正解している。ところが3〜4歳児のグループは半分程度しか正解できず、およそ半数は「青い引き出し」と答えてしまうのである。

この課題は大人にとっては難しいものではない。しかし、正解するには、先ほど述べた他者は自分とは異なる他者独自の心的なプロセスを持っている、ということを理解している必要がある。マキシーは母親がチョコレートを取り出して別のところにしまったことを知らない。だから、最初にしまった緑色の引き出しに入ったままのはずだと思っていることを想像する力が必要なのである。それが3〜4歳児ではできていないので、事実のみに引きずられて「青い引き出し」と答えてしまう。

この課題は、他者の誤った認知についてわかっているかを問うもので、誤信念課題といわれる。また、誤信念課題を用い自分の心の中と他者の心の中とで展開されている理論が異なることに焦点を当てた一連の研究は「心の理論」研究といわれる。

「心の理論」研究の中で一番関心を向けられたのは、今紹介した「心の理論」の発達研究であろう。自分と他者の内側で展開されている心の理論が年齢段階によって異なることを示した研究は、1990年代から2000年代にかけて盛んに行われた。

†自閉症と「心の理論」

実は、「心の理論」の研究の中でもう一つ話題になったテーマがある。それは、子どもの発達障がい、とくに、自閉症(正式名称は〝自閉スペクトラム症〟、または、〝自閉症スペクトラム障害〟だが、ここでは一般的な自閉症という用語を用いる)との関連についてである。

自閉症については、ここでは詳しくは述べないが簡単に紹介しておこう。

一九九〇年ごろから、それまで定型発達とみなされていた子ども(あるいは大人)の中にも軽い自閉症傾向を持つ者が多くいることが知られるようになってきた。

自閉症は、何らかの脳の機能障害が原因だと言われるが、いまだはっきりわかっていない。その特徴は、二つに大きくまとめられる。まず、一つめは、言語やコミュニケーションに関わる能力が低いことだ。ごくふつうの会話、言葉のやりとりができない。一般に自閉症の子どもは概して言葉の発達が遅く、学齢期になっても普段はほとんどしゃべらないうえに、たまに話をするときは相手に対し自分の要求を一方的にするだけで、相互的な関係を作ることができないことが多いといわれる。また、相手の立場に立って気持ちを理解したり、相手と視線を合わせたり、人との相互関係のなかで自分の表情を作ったり、相手の表情を読み取るというような言語的、非言語的なコミュニケーションができない。学校や職場で友だちが作れず孤立している、などといった特徴があげられる。

自閉症のもう一つの特徴は、限局された反復的な行動といわれるものにある。これは、興味が極端に偏っていて狭いこと、また、特定のおもちゃを同じように一列に何十回も並べ続ける、意味のわからない儀式的な動作を繰り返したり、外出の際、合理的な理由もないのに同じ道を通ることに強いこだわりをもつ、同じものを食べることに固執する、ある決まった音や光に対して過敏に反応する、といったようなことが挙げられる。一方、自閉症の子どもは時として限定的だが驚異的な能力を持っており、列車の時刻表をすべて暗記している、というようなことはときどきある。

バロン＝コーエンら(6)は、平均11・11歳の自閉症のケース、比較的軽いダウン症（知的障がい）の平均10・11歳のケース、平均4・5歳の健常のケースに、前述の誤信念課題（研究24）によく似た課題を行った。その結果、健常、ダウン症のケースとも80％を超える正答率だったのに対し、自閉症のケースでは正答率は20％程度であった。

　この結果についてバロン＝コーエンらは、自閉症のケースは他者の心的状態を表象する能力に欠けているのではないかと指摘している。自閉症の子どもは、自分の心の中、そして、他者の心の中がそれぞれみな異なっており独自の「心の理論」を持っていることが、理解できないというのである。

　前述のように、自閉症の子どもは人と会話をするときも一方的に自分の要求を言うだけで、ふつう人が行うような言葉のキャッチボールができない。これも自閉症の子どもに「心の理論」が欠けていると考えれば、理解できる。

　自閉症と「心の理論」との関係については、現在も新たな研究が次々と報告されている。アメリカを中心とした全世界の心理学の研究論文のデータベース、サイクインフォ（Psychinfo）を検索してみると、２０００年以降、「自閉スペクトラム症」と「心の理論」とを一緒に取り上げた学術論文は１５００件を超えていることがわかる。本書はそれらの詳細を扱うものでもないし、著者にもその能力もないが、当分は話題性のある研究領域として続くだろう。

†追跡研究

発達心理学の研究には二つのタイプの研究がある。横断的研究と縦断的研究といわれるものだ。このうち横断的研究とは、ある同一時点において年齢の異なる子どもに同じ実験課題を実施し、その差を検討するものだ。たとえば、先ほど心の理論の実験で紹介したような、3〜4歳児と6〜7歳児とに同じ実験を実施し、6〜7歳児はできたが、3〜4歳児はできなかった、といったような結果を得て、そこに年齢差を確認する方法である。

一方、縦断的研究については、これも年齢差を確認するものには違いないのだが、こちらは、同じ子どもを数か月、場合によっては数年間追跡調査し、そのなかでどのように変化していったかを確認するものである。

この二つのタイプの研究にはそれぞれに利点や難点がある。横断的研究は、短期間で実施可能であるが年齢比較をしているだけでどのように変化したか、その変化のダイナミズムをとらえるには不向きなことがある。また、そのときどきの時代の影響を排除できないという問題もある。一方、縦断的研究は、とにかく長期にわたるので時間とコストがかかる。また、対象者が年数を経る間に脱落してしまい、その脱落した対象者の中にこそ意味ある結果が含まれていたのに、それがデータとして拾えないという場合もある。

ところで、ここまでいくつかの実験的研究を紹介してきたが、それらはみな横断的研究である。時間もコストもかかる縦断的研究は実施例もあまり多くないのだ。

縦断的研究のなかでとくに有名なのは、アメリカで知能検査を本格的に標準化したターマンが１９２１年から始めた高ＩＱ児童の研究である。この研究[7]では平均11歳のＩＱ１４０を超える児童１５００人ほどが研究対象者になった。彼らは、教育水準の高い家庭に育ち、身体的にも良好なことが多かった。彼らが17、18歳になったとき1回目の追跡調査を行った。彼らの多くは良好な学業成績を収めていた。次に、30歳になったときに追跡調査が行われた。この調査が行われた当時、人口比に占める大卒の割合は７%ほどだったようだが、この調査の男子の70%、女子の67%は大学を卒業していた。

最後の追跡調査は１９５２年、対象者が中年期に差し掛かったときに行われた。男子の87%は法律家、医師、技術者、大学教員などとして活躍していた。30%は人口の上位１%以内の収入を得ていた。女子は42%がフルタイムの仕事に就いており（当時としては高い割合であろう）、科学論文を発表している者、小説やその他の一般書の著作をもつ者、特許をもつ者、などが多数確認された（ちなみに後述する教育心理学者のクロンバックは自身がこの研究の対象者として追跡を受けたという。なお、追跡調査自体は主催者ターマンの死後も行われ、対象者が80歳代になった１９９０年代まで行われたそうである）。

この研究は、子どものころ知能検査の得点の高い者が社会に適応し成功する可能性が高いことを示した研究として今日でも必ずといっていいほど取り上げられる。ターマンはIQは遺伝的なものであると堅く信じていたし、この結果を見る限り、成功するためにはやはり知能が重要だったのか、と言いたくなるところだが、話はそう簡単に片づかないのが研究の世界の厄介なところである。

1990年代から2000年代にかけてEQということが盛んに言われるようになってきた[8]。EQはIQに対して心の知能指数ともいわれ、自分の感情をコントロールし、また他者感情を理解し人間関係を円滑にするなどの働きをもち、後天的に身につけられる部分も多いという。EQについては、多くの一般向けの出版物もあるので、本書では立ち入らないが、子ども時代のEQのような知的側面以外の心の働きが、長期にわたる成功を予測するという研究も報告されるようになった。

†誘惑に抗う能力

それに関わるものとして本章の最後で取り上げてみたいのは、満足を遅延させることができる能力についてである。この実験は、ウィーン生まれでスタンフォード大学、コロンビア大学などの教授をつとめたウォルター・ミッシェル（1930―2018）によるも

図8-5　マシュマロテスト

ので、一般にはマシュマロテストの名称で知られている(9)。

子どもを一人で実験室に呼ぶ。もちろん子どもは緊張しているので、実験者は緊張を解くために遊んでやる。机の上には呼び鈴が置いてある。子どもが慣れてくると少し席を外す。そのとき「呼び鈴を鳴らしなさい。すぐに戻ってくるから」と言う。子どもは呼び鈴を鳴らしてみる。確かに、実験者は戻ってくる。何度か繰り返してくるうちにそれにも慣れてくる。

実験はここから始まる。子どもの目の前にトレイが出される。トレイの一方の端にマシュマロが1個、もう一方の端にはマシュマロが2個載っている。部屋は片づけられておりおもちゃなどはない。ここで子どもは、もしマシュマロが今すぐに欲しいのならこっちの1個をすぐにあげるが、実験者がしばらく隣の部屋にいるので戻ってくるのを待っていてくれれば2個あげる。もし、待っている間に我慢できなくなったら呼び鈴を鳴らせばよい、そのときはすぐに戻ってくるから、と言って出ていってしまう（図8-5）。

この実験で3歳児はほとんど数十秒も待てずに呼び鈴を鳴らしてしまうが、5、6歳になるとマシュマロから目をそらす、トレイを机の下に隠すなどの方略をとることができる子どもが出てくるという。12歳くらいになると「マシュマロを食べ物でなく雲だと考えるように努力した」というような方略を用いるようになるという。

しかし、マシュマロという誘惑に抗し切れるかどうかにはかなり個人差がある。ものの5秒も待てない子どももいる一方で、大人顔負けの方略を考え出し、誘惑に耐える子どももいる。その個人差が将来の成功や社会的適応を予測するという縦断的研究の報告が近年目立つようになってきたのである。

実験25 マシュマロテストの追跡研究——テストを受けた子どもたちのその後

これはマシュマロテストの考案者、ミッシェルらによる対象者の追跡研究の報告である。(10)研究の対象者は、1968年から1974年にスタンフォード大学のビング保育園に通っていた子どもで、最初にマシュマロテストが実施された6歳児は600人ほどいたが、その後の追跡過程で調査の返信がない者、転居先不明の者などの脱落が出たため、子どもが18歳に達した時点では185人になっていた。ちなみに、今回の研究の対象者のマシュマロテストで待つことができた平均時間は512秒ほどだったそうだ。

さて、この研究では対象者の両親に、対処能力に関する調査、子どもの認知能力に関する調査の評定と、SAT（大学進学適性検査）の数学と英語に関するスコアの報告などを郵送で求めた。認知能力や対処能力に関する調査については、「お子さんは勉学面で同級生と比べていかがでしょうか」「お子さんは同級生と比べて友人関係でうまくやれているでしょうか」といった質問項目から構成されていた。SATについては実施団体に確認をとったが、高い一致率が確認された。

さて、以上の調査項目と6歳の時点でのマシュマロテストで待つことができた時間との関係を算出してみた。比較的高い関係が認められた項目として、「お子さんは欲求が満足できない状況において自己コントロールを発揮できますか」「お子さんは誘惑に負けやすいほうでしょうか」「お子さんは知的なほうでしょうか」「お子さんは、集中しようとしても、何かと気が散ってしまうほうでしょうか」などが挙げられた。

また、SATとマシュマロテストとの間には統計学的に見ても中程度の相関関係が認められた（英語が0・42、数学が0・57）。

通常、心理学領域では0・3〜0・4程度の相関係数が得られれば一定の関係があったとみなすことも多いので、ブランクを10年以上おいて得られた二つの数字の間でこれだけの相関係数が得られたということはそれなりに関係があったとみるのが自然である。

100年前に開始されたターマンの追跡研究では、幼児期の知能がのちの社会的成功を予測した。その半世紀後に開始されたミッシェルらの研究では、今度は幼児期の自己コントロールの能力（この研究では、自分の欲求を先延ばしにする能力でそれを代表させているが）が将来を予測する可能性が示された。近年、こうした傾向は他の追跡研究においても報告されているが、その理由は明らかにされていない。

一方、われわれの日常に目を転じてみれば、〝地頭が良い〟という言葉をよく聞くように、むしろターマンの結果を率直に支持するような意見も目立つようになってきているように思える。これらの結果を見ていて感じるのは、実はわれわれの知らないところで、ある種のイデオロギーが実験心理学という科学的手法を隠れ蓑《みの》にして、社会の根幹をなす部分を動かそうとしているのではないかという恐れだ。もちろんそれが杞憂であることを願うのだが……。

第9章

動機づけと無気力

†動機づけへの関心

やる気が出ない、意欲が湧かない、どうすればやる気が出るのか、というような話は日常的によく耳にする。ところが、心理学の専門書の目次を開いてみると、やる気、意欲というような章は見当たらないことが多い。たいていは「動機づけ」という章があり、その章の冒頭に「心理学では意欲ややる気のことを動機づけという」と一行あって、その先は動機づけという言葉に統一されているからだ。いや、最近では、ビジネス書などを中心に原語をそのままカタカナにしてモチヴェーションと言うことも多いかもしれない。

いずれにしろ、本書もそういう流れを踏襲する。動機づけ（英語ではモチヴェーション）とは心理学の専門用語であり、一般に意欲ややる気といわれるものをさす、とまず述べておくことにしよう。

ところで、この動機づけという用語であるが、調べてみると20世紀初頭ごろから一般書の中でぼちぼち目に付くようになったものらしい(1)。広告やセールス書で〝顧客を動機づける〟とか、教育実践関連の書物で〝生徒を動機づける〟とかいった使い方がされるようになったのだ。

この時代、アメリカは19世紀末の爆発的な工業化に続く革新主義の時代で、社会の秩序や勤勉性が重視された。出来高払いで知られるフレデリック・テイラーの科学的管理法、流れ作業で飛躍的な生産量アップを図ったフォード・システムなどが生まれた時代ともほぼ重なる。管理者が人を動機づけて、生産性を上げるということに関心が持たれていたのである。

†行動主義と動機づけ

一方、心理学の世界に目を転じてみると、ワトソンが行動主義を唱えたのが1913年でちょうどこの時代に合致する。人の行動を外的刺激（報酬、つまり餌）によって制御しようという考え方は、この時代の方向性とも合っていた。

そのようなわけで心理学に動機づけの概念が取り入れられた当初、その基本的な考え方として採用されたのは、人や動物を動機づける（つまり、やる気にさせる）には報酬（餌）で釣るのがよろしいというものであった。スキナーボックス（図9-1）に入れられたネズミやハトは餌欲しさに目の前のレバーを押したり、ボタンをつついたりする学習に精を出す。人間の子どもはテストで100点をとれば玩具を買ってもらえるといわれ、それ欲しさに机に向かう。両者は同じような関係性に見えるし、この理論は誰にでもわかりやすか

図9-1　スキナーボックス

った。もちろん、すべての研究者が一枚岩というわけではなかったものの、この理論が心理学の動機づけ理論の中心に位置づけられることに疑いをもつ者は少なかった。

しかし、……である。ここでちょっと話を前のほうの章に戻そう。

第7章の実験20をもう一度見てほしい。ハウロウのサルの実験について扱ったところだ。そこではハウロウを、子ザルが母ザルに近づこうとする動機を生まれつき持っていることを実験的に明らかにした人として紹介した。

しかし、その前に以下のようなことを書いていたのを読者はご記憶されているだろうか。

ハウロウが夜実験を終えてサルのケージに施錠して消灯して帰宅しようとすると、なぜか消したはずの電灯がついている。はじめは消し忘れかくらいに思っていたが、やがて、ハウロウは1匹のサルが長い尻尾を動かして電灯のスイッチを操作することを覚えて、面白がってやっていることに気づいた。

一般的に動物の学習は餌を与えてやる気を出させることとセットになっている。水族館のイルカショーのイルカも、曲芸を一つやるたびに餌をもらえるからやるのであり、何も好き好んでやっているわけではない。ところがこのサルは餌がもらえるわけでもないのに、面白がって電灯のスイッチを操作していたのだ。

やがてハウロウは、サルやチンパンジーがちょっとしたパズルのようなものならば、いちいち餌で釣らなくても面白がってやることに気づき、そうした現象を「内発的に動機づけられた」と表現した。

その後、このような動機づけについて関心を向けた心理学者は少なくはなかったが、ハウロウの研究からおよそ20年後、研究の方向を決定づける実験が発表された。次にそれをみてゆこう。

実験26 デシの内発的動機づけ——アメとムチだけで人は動かない

この研究は1971年に、アメリカのロチェスター大学の心理学者、エドワード・デシによって発表されたものである。(2)

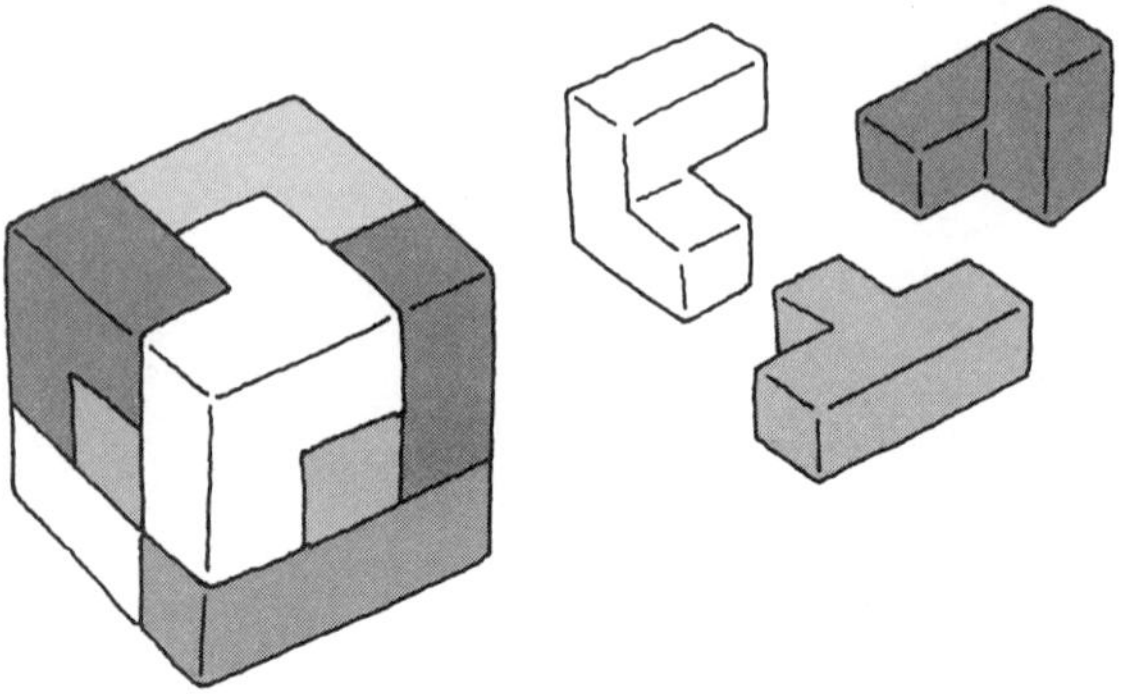

図9－2　ソマ

実験の対象者は大学生であった。彼らはまず、ソマと呼ばれるパズルを実験課題として与えられた。ソマといわれるものはアメリカでは普通に売られているようだが、日本では必ずしも入手が容易でない。これは大きめのサイコロのような立方体がつながってできているもので、それらを組み合わせながらさまざまな形を作ってゆくものである（図9-2）。

大学生の対象者は、とにかく実験に協力してもらうということで、このソマというパズルをやることになったのだが、実はこのとき大学生は二つの異なるグループに分けられていた。一つめのグループでは、ソマのパズルが1問できるたびに1ドルずつお金が与えられていた。それに対し、もう一方のグループではそのような報酬は一切与えられておらず、文字通り、ボランティアで実験に協力するというかたちをとっていた。

さて、二つのグループはそれぞれ別室でしばらくソマに取り組んでいたが、途中で双方の実験室とも実験の監督者が「今からわたしはしばらく席を外します。その間は自由に何をしていてもかまいません」と告げて実験室を出ていってしまった。

ところが、実験者はいなくなってしまったように見えたが、本当は隣の部屋から覗いていた。実験室にはワンウェイミラーがあったのである。つまり、実験室の側からみると鏡に見えるが実は窓で、隣室から実験室の様子が覗けるようになっていた。

さて、その観察結果によると、二つのグループの行動には明らかな違いがあった。まず、パズルが1問できるたびにお金をもらっていたグループの大学生は、実験の監督者が部屋から出たとたんにパズルを解くのをやめてしまい、部屋に置いてあった雑誌を読むなどしてくつろいでいた。一方、お金を支払われていなかったグループの大学生は、実験者が部屋を立ち去っても同じようにパズルを続けていたという。

この結果をどう理解すればよいだろうか。まず、この実験で用いられたようなパズルの特徴からいえることがある。このパズルは、少々違うかもしれないがあえていえば、ルービック・キューブのようなものである。ルービック・キューブを少しでもやったことがある方ならば容易に想像できると思うが、このような単純なゲームはやりだすと意外に面白く病みつきになるものである。ソマというパズルもだいたいそのようなもので、何気ない気持ちで始めるとどんどんはまってゆくらしい。

一般的に言って、人はあまり面白くない勉強や仕事に対してはなかなか意欲が湧かないが、このように自分で面白いと感じるようなものに対してはやる気が自然に湧いてくるものである。これはさきほど紹介したハウロウの実験で、サルが報酬つまり餌をもらわなくても一生懸命電灯のスイッチをつけていたという話と同じであり、要はお金をもらわずにソマパズルをやっていた大学生たちは内発的に動機づけられていたのである。これに対し、もう一方のグループは1問できるごとに1ドルずつお金をもらうことでやる気を維持していた。こちらは外発的に動機づけられていたと言える。

†環境をコントロールできているという感覚

この実験が明らかにしたのは、人が内発的に動機づけられている状態にあるとき、外発的動機づけを導入してはならないということであろう。楽しいことをして、そのうえお金ももらえれば、やる気はさらにアップするように思える。しかし、実際にはそうならなかった。お金をもらっていたグループは、監督者の目が届かなくなると早々に動機づけを失っていた。外発的動機づけは内発的動機づけを抑制する働きをしてしまったのである。

では、なぜそのようなことが起こったのであろうか。これは次のように考えることができるだろう。お金をもらわずにパズルをやっていたグループは、自分で楽しいと思い、自らパズルに取り組んでいた。この状況は自分で自分の環境をコントロールしているような状況にあったといってよいだろう。一方、1問できるごとにお金をもらっていたグループの対象者は、本来は自分からパズルに取り組もうとする気持ちを持てるはずであったが、お金という非常に強い誘惑があったために、むしろ注意がお金のほうに向かってしまった。その結果、この実験場面という環境をコントロールしている主体は、いつのまにかお金を握っている実験の監督者であるかのように見えていたのである。つまり、このグループの対象者は、知らず知らずのうちに自分で環境をコントロールすることが不可能であるかのような感覚を学習していたとはいえないだろうか。

その結果、実験の監督者が部屋を出ていってしまうと、本来ならば面白くて病みつきになってずっと続けてやっているようなパズルに対して、やる気を失ってしまったのである。

このように動機づけにとって決定的なのは、餌があるかではない。むしろ、自分の周囲の環境を自分でコントロールできていると思えるかどうかという認識（認知）なのだ。

行動主義的な動機づけの考え方は、餌の有無がそのまま動機づけに反映されていた。しかしデシの実験は、餌はいったん頭の中で情報処理され、それがどのような意味をもつか判断された結果、動機づけに影響を与えているということを明らかにした。

†学習性無力感

次に紹介する実験は１９６７年に発表されたものなので、デシの内発的動機づけの実験に3年ほど先立つ。だから、この実験は時間的にはデシの実験を受けたものではない。ただ、デシの実験の解説に際し著者は、自分の周囲の環境を自分でコントロールできていると思えるかどうかという認識（認知）をもつことがいかに大切かということを指摘した。次の実験は、そうした周囲の環境を自分でコントロールできているという認識（認知）を持つことの重要性を端的に示したものとして、ここで取り上げておきたい。

実験27　セリグマンの学習性無力感──「やる気」を阻害するものの正体

この実験は当時アメリカのペンシルバニア大学の大学院生だったマーティン・セリグマンによって行われたものである。[3]

実験は犬を対象にして行われた。30匹の犬を10匹ずつ三つのグループに分けた。このうち一つめのグループの犬は図9-3のようなハンモックに似た装置に固定された。犬は足から電気ショックを60回、一定しない時間間隔で与えられた。電気ショックは人間同様、犬にもかなりの恐怖を引き起こす。ただ、この実験では犬は横にあるパネルを鼻でつつく

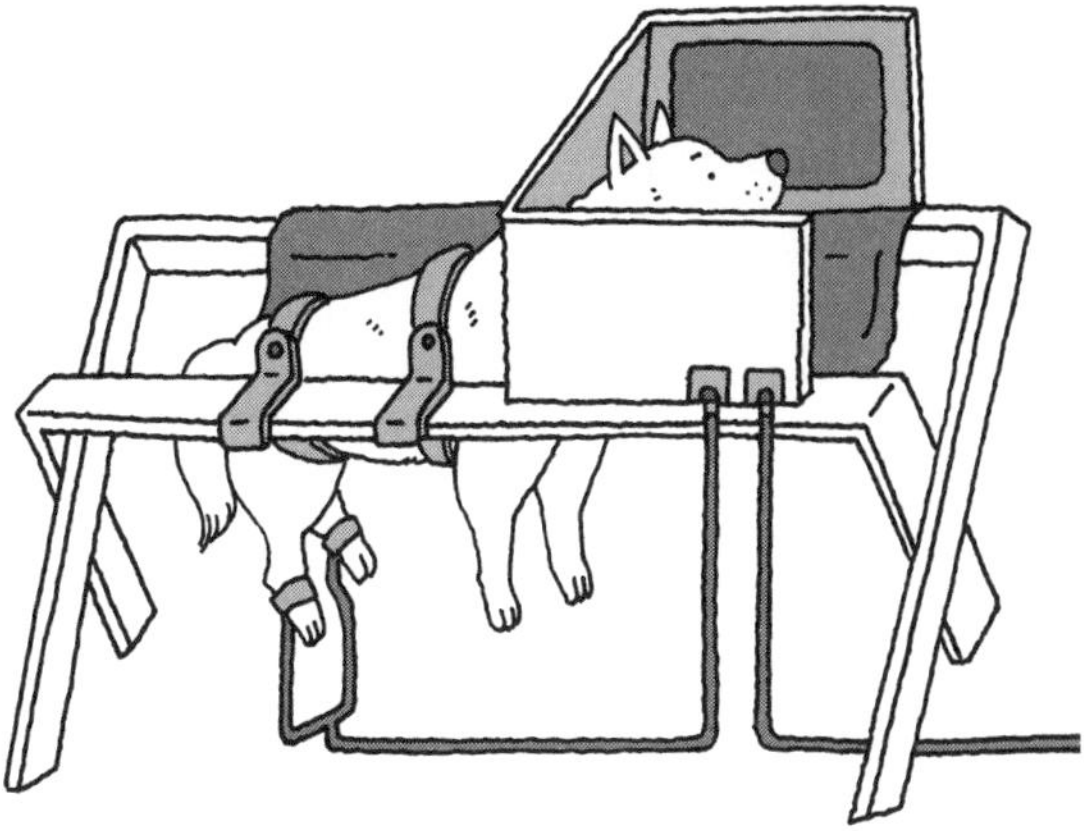

図9−3　セリグマンの実験装置

ことで電気ショックを止めることができた。ここまでが実験の前半である。

そして後半では、同じ犬たちはシャトルボックスといわれる装置に入れられた。この装置は実験9で用いた図3-5と同じようなもので二つの部屋からなり、真ん中に柵がある。動物が片方の部屋に入れられると床から電気ショックが与えられる。そのとき動物が柵を跳び越えてもう一方の部屋に移ることができるかどうかを観察するものである。

さて、次に2番めのグループの手続きを見てゆこう。このグループの犬も実験の前半では、最初のグループと同じくハンモックに固定され、同じように電気ショックが与えられた。ところが、一つだけ先ほどのグループと違う点があった。それは、このグループの犬は電気ショックを与えられたとき、横のパネルを押してもそれを止めることができなかったという点である。それに続く実験の後半の手続きは基本的に一つめのグループとまったく同じであった。つまり、犬はシャトルボックスと呼ばれる二つの部屋がある装置に入れられて、その床から電気ショックが流されたとき、隣の電気ショックが来ていない部屋に逃げようとするかどうかが観察された。

さて、三つめのグループについても触れておこう。このグループは、前の二つのグループの実験の前半に相当するような手続きはとくになく、犬はいきなり後半のシャトルボックスを使う実験を受けた。その目的は前の二つのグループと同じで、床から電気ショックが流されたとき、隣の電気ショックが来ていない部屋に逃げようとするかどうかを確認することである。

さて、以上の結果である。この実験では、後半のシャトルボックスを用いた実験で電気ショックを与えられたとき、どれだけの犬が柵を越えて隣の部屋に逃げることができたか、その割合を三つのグループ別に比較することで検討された。

電気ショックが来たとき自分でパネルを鼻でつついて電気ショックを止めることができた最初のグループの犬は、実験の後半でも床から電気ショックが与えられるとほぼ100%の確率で柵を跳び越えて隣の部屋に逃げることができた。ところが、2番めのグループ、すなわちパネルを押しても電気ショックを止めることができなかったグループの結果は最初のグループと大きく異なっていた。つまり、後半のシャトルボックスの実験で床から電気ショックが与えられたとき跳び越えることができたのは、このグループでは25%ほどだった。多くの犬はシャトルボックスで電気ショックを受けても隣の部屋に逃げることなく、恐怖のあまりただうずくまっていたという。一方、3番めのグループ、つまり実験の前半で何もされずいきなり後半のシャトルボックスを用いた実験を受けた犬は、90%近い確率で柵を乗り越えていた。

この結果で注目すべきは、1番めのグループ、すなわち実験の前半で自分で電気ショックを止めることができたグループと2番めのグループ、つまり実験の前半で自分で電気ショックを止めることができなかったグループとの違いであろう。前者はすべての犬が実験の後半でも電気ショックから逃れることができたのに対し、後者でそれができた犬は半数にも満たない。また、1番めのグループは、いきなり実験の後半の手続きのみを受けた3番めのグループよりも、むしろよくできていたといってもよいくらいだった。

さて、この結果をどう解釈すればよいだろうか。一つの解釈として、実験の前半で自分で電気ショックを止めることができた1番めのグループの犬に比べ、2番めのグループの犬は、電気ショックを止めることができなかったために電気ショックにさらされた時間が長く、痛みで弱ってしまい、実験の後半で電気ショックから逃れようとする元気がなくなってしまったと考えられるかもしれない。

しかし、セリグマンらはこうした批判が出ることは想定済みであり、反論を用意していた。実は実験は三つのグループのうち、まず1番めのグループのみの実験を集中的に行っていた。そして、このグループの犬が実験中に浴びることになった電気ショックの合計時間を記録していた。そして、次に電気ショックを止めることができない2番めのグループの実験を行うときは、一つめのグループの犬が受けた電気ショックの合計時間から電気ショックを浴びた1匹あたりの平均時間を算出し、この時間をもとに一つめのグループとまったく同じ時間だけ電気ショックが与えられるようにしていたのだ。

したがって、二つのグループの違いは、電気ショックを自分で止めることができたかできなかったかという一点だけに絞られることになった。しかし、どうしてそれだけで実験の後半の結果にこれほど劇的な差が生じてしまったのだろうか。

これについてセリグマンらは、電気ショックのような極端に不快な刺激を止めることができない状況に置かれると、犬は「自分の力ではどうすることもできない」と思ってしまうようになるのではないかと考えた。不快な電気ショックを自分で止めることができないこと、これをコントロール不可能性と呼ぶが、2番めのグループの犬は、このコントロール不可能性を学習して意欲を失ってしまい無気力になってしまったというのである。セリグマンらはこの現象を、無気力を学習してしまった状態という意味で「学習性無力感」と名づけた。なお、先ほど著者は、自分の周囲の環境を自分でコントロールできているという認識（認知）という言い方を何度かしたが、コントロール不可能性の学習というのがその対概念であることはいうまでもないだろう。

ところで、このコントロール不可能性という考え方であるが、第3章で紹介したレスコーラのイヌの古典的条件づけのランダム条件と似たものであることはお気づきになっただろうか。実はセリグマンとレスコーラは当時、同じペンシルバニア大学のリチャード・ソロモン（1918―1995）の研究室に所属していた。動物の認知を重視する条件づけの考え方を、セリグマンは先輩のレスコーラから受け継いだのである。

†人の学習性無力感

さて、話を戻そう。この実験は、動機づけの低下や無気力が実験的に作り出された状況として大いに注目を浴びた。ただ、セリグマンは行動主義の心理学の流れの最末端に属する人だった。もちろん、前述のようにレスコーラの影響を受けた彼の考え方は、心の中での出来事を認めないようなワトソンやスキナーの行動主義とはだいぶ異なるものだったが、それでもこの無気力という現象を劇的に作り出したのは人ではなく動物を対象にした実験においてであった。

そこで、次に人間も犬と同じように学習性無力感に陥ることがあるかどうか、実験的に確認することが課題になった。もちろん、そんなことやらなくてもわかる、何度も失敗を繰り返せば心が折れて無気力になるのは明らかであろう、といいたくなるところだが、そういったわかりきったことでも一つ一つ積み上げてゆくのが、心理学なのである。

さて、この役割を引き受けたのはヒロトという日系アメリカ人の心理学者だった。彼は人間を被験者にして、できるだけ犬と同じような手続きで実験を試みた(4)。ただ、人を対象とした実験の場合、とくに倫理的な側面に注意を払わなくてはならない。対象者に著しい苦痛を与えるような実験を行うことは通常学会でも禁止されている。犬を対象とした実験では犬に電気ショックを与えた。しかし、さすがに人に電気ショックを与えるわけにはいかない。そこで、電気ショックに代わるものとして、不快な雑音をイヤホンを通して聞かせるという手続きを用いた。

実験はボランティアの大学生を対象とした。まず、大学生は三つのグループに分けられ、実験の前半ではそれぞれ別の処置を受けた。

一つめのグループの大学生はイヤホンから3000ヘルツの高さの非常に不快な音を聞

かされた。大学生の目の前には数個のスイッチがついた箱があった。そして、これらのスイッチを正しく組み合わせて押すことで不快な雑音を消すことができた。雑音は30回ほど与えられた。犬の実験と同様に、まずこのグループだけで実験を実施した。

多くの被験者が、ほどなくスイッチを押して不快な雑音を消すことを学習した。なお、不快な雑音が与えられた時間を記録し、一人一人の被験者が不快な雑音を聞かされた平均時間を算出しておいた。そして、2番めのグループは最初のグループの結果に基づき、同じ時間だけ不快な音を聞かされた。しかし、こちらのグループにも目の前に最初のグループと同じスイッチのついた箱はあったものの、それをどのように押しても不快な音は消すことはできなかった。3番めのグループは実験の前半ではとくに何もされることはなかった。

さて、以上の手続きの後、実験の後半では三つのグループは同じ条件でテストされた。今度も先ほどと似たスイッチのついたボックスが用いられた。ボックスにはスイッチノブがついており、被験者は不快な音が出たら、スイッチを右か左かのどちらかに倒して雑音を消せるようになっていた。しばらくすると再び不快な雑音が始まったが、今度は反対側にスイッチを倒せば雑音は止まった。つまり、これは犬の実験で用いたシャトルボックスと同じようなものだった。

さて、この後半のテスト課題の成績であるが、最初のグループの場合87％の確率で不快な雑音を止めることに成功したが、2番めのグループでは成功確率は50％しかなかった。一方、前半に何も課題を与えられていないグループの成功率は89％であった。

以上の実験の結果は、先ほどの犬の実験結果とほぼ同じといえる。不快な刺激（つまり雑音）に同じ時間さらされながらもその刺激を消すことのできなかった2番めのグループだけが、後半のテスト課題でもできなかった。つまり、コントロール不可能な状況に置かれたグループは、自分の力ではどうにもならないというコントロール不可能性を学習して、無気力になるという学習性無力感に陥っていた。

この実験によって人にも学習性無力感が起こるということが確認されると、学習性無力感はもはや動かしがたい事実となった。人間や動物の動機づけというものがかくも簡単に萎えてしまうということを示したこの現象は、心理学の世界に大きなインパクトを与えた。学習性無力感の研究は心理学の各領域に急速に広まっていった。なかでも教育心理学は早くから学習性無力感に関心を向けた領域だった。

実験28 教育現場における学習性無力感——コントロール感覚が知的意欲を左右する

学校教育場面における学習性無力感の問題が最初に取り上げられたのは、1973年、当時イリノイ大学の助教授に就任して間もないキャロル・ドゥエック（現在、スタンフォード大学教授）によってであった。

ドゥエックらは、小学校5年生40人を対象に以下のような実験を実施した。[5] この実験で被験者になった児童には知能検査の積み木課題を利用して作った課題が与えられた。積み木課題というのは図9-4のような一辺が2センチほどの赤と白に塗られた立方体を並べて提示された模様をつくる課題である。

図9-4　知能検査の積み木課題

課題は1問ずつ図版に描かれ順番に提示されたが、この実験では図版を提示する担当者が2人いた。そのうちの一方の担当者が与える課題は解答可能なものであったが、もう一方の担当者が提示する図版はいくらやってもできない解決不可能な課題であった。被験者はこのパターンで実験を受け続けたが、実験も終わりが近づいてきた頃、それまで正解がない解決不可能な課題を与え続けていた担当者からも解答可能な課題を与えてみた。しかし、このとき被験者児童の多くは、そこで出された解決可能な課題に正答できなかった。ドゥエックらは、この解決可能な課題に正答できなかった現象は児童が解決できない課題（＝コントロール不可能な事態）を繰り返し与えられたことによって学習性無力感に陥ってしまい、解決できる課題でも正解できなくなってしまったからであると考えた。

ところで、この実験では、あらかじめ児童に知的達成の責任性尺度といわれる検査が実施されていた。これは、「あなたはテストでよい点をとれました。その理由は、(1)自分で勉強してがんばったから、(2)先生がやさしい問題をつくったから」といった質問文から構成されており、この例では(1)か(2)を選択する。この検査は児童が自分の知的達成の原因を能力や課題の困難度などの自分ではコントロールできない要因に求めているか、あるいは努力などの自分の力でコントロールできる要因に求めているかを測定するものである。だから、上記で(1)を選択した場合には、自分の力でコントロールできるとみなしたことになり、(2)を選択した場合には、自分の力ではコントロールできないとみなしたことになる。

実験では、この検査の得点を集計して対象者を、知的な達成の原因を能力や課題の困難度のようなコントロールできない要因に求める傾向の強かったグループと、逆に努力のような自分の力でコントロールできるとみなす傾向の強かったグループとに分けた。そして、それぞれのグループごとに、課題の成績を計算してみた。その結果、前者は後者に比べてよりはっきりと学習性無力感を生起させていたという。

この実験はセリグマンらの実験のように、電気ショックなどの不快な刺激量を等しくしてコントロール可能性だけを変えるという厳密な手続きによって学習性無力感を定義したわけではない。しかし、学業で失敗を繰り返すにつれて次第に無気力になるといった現象は日常的にも学校場面でおこりうるものであり、以降、学習性無力感は教育場面でしばしば取り上げられてゆく。

目標の持ち方が重要だ

やがて1980年代も半ばになると、ドゥエックは、教育場面における動機づけや学習性無力感への陥りやすさを学業達成への目標（ゴール）の持ち方との関係で理解することを提唱し始める(6)。

ドゥエックによれば、学業において何かを達成しようと動機づけられるときにはふつう何らかの目標があるという。たとえば、大学に合格するために勉強する、資格をとるために勉強する、あるいは課外活動のための調べ物をする等々、勉強するという行為にはふつう何らかの目標が伴う。ドゥエックにいわせれば、それらの目標をできるだけ大づかみにまとめると二つの目標に集約されるという。一つは学習目標（ラーニング・ゴール）、もう一つは遂行目標（パフォーマンス・ゴール）とそれぞれ呼ばれるものだ。

次にこの二つの違いについて考えてみる。

まず、学習目標とは何か。学習目標をもつとは、学習することによって自分の知識を増やし、深め、自分の技能や見識を高めることそのものを目標とすることである。少し抽象的な言い方をすれば、学習することそのものが目標だということである。もっと広くとれば、学ぶことが楽しいから、学習することを楽しむこと自体が目的だ、というようなこともこの学習目標の中に含めてよいかもしれない。

一方、遂行目標は、目標を学習すること自体には置かない。良い成績をとることによって競争に勝つこと、よい業績を達成することで社会的な評価や報酬を得ること、あるいは得られた成果によって自分が他人よりまさっていることを認識し、自尊心を満たすことなどをさす。遂行目標とは勉強の結果得られるもののことであり、勉強そのものは手段に過ぎない。遂行目標の〝遂行(パフォーマンス)〟という英語には成績という意味も含まれているから、もう少しわかりやすい訳語をつけてしまえば、成績目標といってもかまわないかもしれない。とにかく遂行目標をもつ人は、学習することそのものではなく、学習に伴う成果や社会的な評価といったものを目標にしているのである。

では、なぜ人はこのような二つの目標をもつタイプに分かれるのであろうか。ドゥエックによれば、それは人間がもつマインドセットといわれるものに起因するという[7]。このマ

学習目標
能力・資質は努力次第
というマインドセット
自分が成長するには
学習し続けることが重要
勉強
たのしい
学習自体が目標
遂行目標
能力・資質は生まれつき
というマインドセット
学習は手段にすぎず、
それ自体に意味はない
えっへん!!
1位
成績や名声、報酬が目標

図9-5　学習目標と遂行目標

インドセットとは自分の能力に対する信念とでもいうべきもので、二つのパターンがあるという。一つめは、人間の能力、資質などは努力次第でいくらでも伸びるという信念で、もう一つは、人間の能力、資質といったものは石に刻まれたような生まれつきのもので固定的で変わらないという信念である。

　もちろん、これら二つのパターンのどちらかが正しいわけでもない。おそらくは真実はこの中間のどこかにあるのだろうが、それはここでは問題にしない。ここでいいたいことは、多くの人の信念は知らず知らずのうちに、これら二つのパターンのどちらかに傾いているということだ。そして、信念がこれら二つのパターンのどちらに寄っているかで目標の持ち方も決まってくるのだという。

つまり、前者のようなマインドセットの持ち主は、自分が伸びるためには絶えず学習することが重要であるということがわかっているので、学習することそのものを目標とする学習目標を持つようになるが、後者のようなマインドセットの持ち主にとって学習をしても能力はたいして変わらないのだから、学習すること自体にはあまり意味がない。彼らは、自分がすでに持っている能力を繰り返し他人や社会に向けて誇示することで、自分を安心させなくてはならないのである。そうすると、いきおい、学習することよりも学習の結果得られる成績や社会的名声、報酬などを求める遂行目標をもつようになる（図9-5）。

†集団の動機づけ

ところで、ここまでは二つの目標を個人の問題として考えてきたが、今度はこれを集団という視点から考えてみよう。たいていの組織は何らかの目標を掲げている。一番わかりやすいのは学校で、どこの学校でも教育目標というものはある。会社の場合、「営業利益何億円を本年度の目標に……」と言ってしまうことも多いが、そうした企業でも〝行動指針〟などという名称で、〝〇〇業を通して地域の皆様の……に貢献し〟などといった目標が定められていることが多い。

ここでは、とりあえず学級という集団を例にとって考えてみる。たとえば、小学校においてクラス担任が、学習の目標を良い成績をとること、それによって社会的な名声や高い報酬を得ることだと強調し、ふだんから成績優秀者を表彰する、といったことをしていれば、児童は自然に遂行目標を持つようになるはずである。逆に、他者と比べて良い成績をとることが目標なのではなく、学習し自分の力をつけてゆくことが目標なのだと強調すれば、児童は学習目標を持つようになるはずである。このようなクラスの持っていき方でクラス全体の目標の傾向を作り出すこともできる。

ついでに述べれば、成績評価に絶対評価と相対評価のどちらを採用するかで、このクラス全体の目標の持ち方を作り出すこともできる。やっただけ評価される絶対評価は学習目標を、他者との相対的な優劣の中で成績が決まってゆく相対評価は遂行目標を持ちやすいようなクラスの雰囲気をつくる。

ところで、この学習目標と遂行目標は、動機づけや学習性無力感とどのように関係しているのであろうか。

一般的にいって、学習目標を持っている者は、学習することそのものを目標としているので、学習の成績の良し悪しはあまり気にならないという。彼らの目的は、自分の知識を増やし習熟することだから、他人の目など気にせず、自分で納得いくまで学習を続ける。

そうやって、学習し続ければ自分の能力をどんどん伸ばすことができると思っているからである。彼らの動機づけは比較的高い状態で安定しているといえるだろう。

一方、遂行目標を持っている人はどうであろうか。彼らは、とにかく自分は他人より能力がまさっていることを示すために必死に頑張るだろう。そうやって、他人よりよい成績がとれれば、自分の自尊心も保たれる。しかし、うまくいっているときはそれでよいが、他人と争い負けたときは悲惨である。彼らは、そもそも能力は生まれつきのもので頑張ったからといって伸びるとは思っていないのである。自分ができないのは能力が足りないからだと、能力というコントロール不可能な要因に原因を求めてしまい、学習性無力感になってしまうのである。つまり、遂行目標を持っている人、あるいは遂行目標を持たざるを得ないような学習環境に置かれている人の動機づけは不安定なもので、ちょっとした失敗で学習性無力感になってしまう可能性が高いというのである。

†遂行目標と学習性無力感

次にドゥエックらによって行われたクラスへの目標の導入の実験を見てみよう(8)。この実験の手続き、分析方法はかなり複雑なので、ここでは簡略化して紹介する。実験対象者は5年生児童101人である。実験は前半と後半に分かれており、前半では、パターンの再認課題というものが行われた。これは以下のようなものである。

まず、ディスプレイ画面上に5個のやや複雑な図形を数秒間提示し、それらをよく見るようにいわれる。その後、いったんその図形は消え、数秒後、今度は二つのやや複雑な図形が提示される。そして、先ほど見た図形の中に含まれていたのは右か左かを尋ねる、というものである。提示される図形は円や三角形などという単純なものではなく、複雑なものなのでなかなか難しい。そして、それぞれの児童はこの課題の終了後、実験の担当者から、こうした知能検査課題に対する能力が高いか、低いかを個別に知らされた。ただし、もちろんこれは本当の成績とは関係はない。

実験の後半では、概念形成課題というものが行われた（図9-6）。これは、いくつかの簡単な記号が組み合わされた二つの図形を提示され、右か左かを選ぶと正解か不正解かが告げられるというものである。これを繰り返してゆくなかで、法則性を発見すれば正解できるようになっている。

この実験では、ここで目標の操作が行われた。つまり、半数の児童に対しては、「この課題に取り組むことであなたは新しいことを学習することになる」というような説明がされた。これによって学習目標が導入されたわけだ。一方、残りの半数の児童に対しては、「この課題はあなた方が何をできるかを調べるものにすぎず、ここから何か学ぶものはな

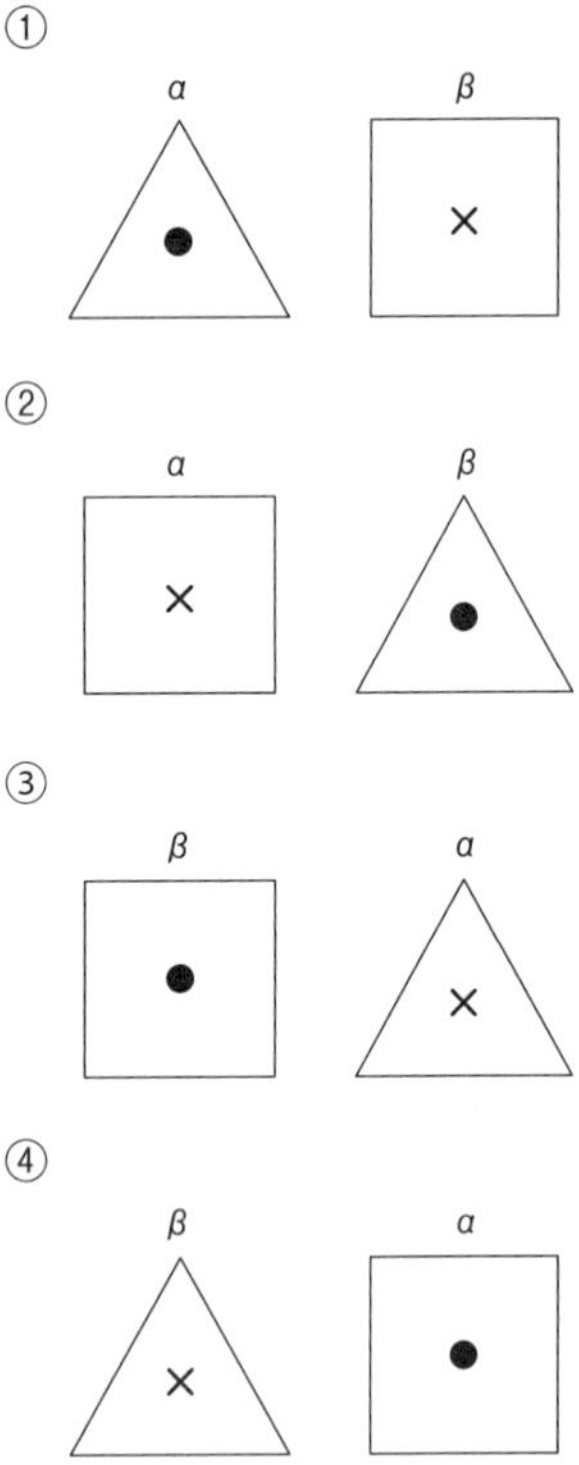

図9-6　概念形成課題の例　被験者には①から④の図が提示される。たとえば×印を選ぶことが正解だとすると、上から右、左、右、左の順に図形を選択すれば正解となる。

いと思います」という説明がなされた。こちらは遂行目標が与えられたのである。

さて、結果をみてみよう。この実験の結果でとくに注目されたのは、児童がこの概念形成課題を行うときにどのような態度をとったかである。積極的に自分で正解の法則に対する仮説を立ててその仮説を試してみるような前向きの態度をとる児童もいれば、適当に答えるような投げやりな態度をとった児童もいた。これらの態度と導入された目標との関係が検討された。

その結果が、表9-1である。これは、この概念形成課題をやっている間に次第に態度が投げやりになっていった児童の割合である。これを見ると、学習目標を導入された児童は、実験の前半で能力が高いと言われたか、低いと言われたかにかかわらず、33％で両者に差はない。一方、遂行目標が導入された児童は、実験の前半で能力が高いとされた場合は、回答する態度が悪化した児童は29％と少ないが、実験の前半で能力が低いとされた場合は、態度が投げやりになっていった者の割合が40％を超えて増加していた。前述のように、ドゥエックは、遂行目標をもつ者は自分の能力の高さが確認できているときは調子がよく動機づけも高くなるが、自分の能力が低いことがわかると急に動機づけが低下し、たちまち学習性無力感に陥るといっているが、この結果はまさにそれを示している。

表9－1　目標の導入と動機づけとの関係

	学習目標を導入された児童		遂行目標を導入された児童	
実験前半で知らされた能力	低い	高い	低い	高い
回答する態度が悪化した割合	33.3％	33.3％	43.5％	29.6％

動機づけを目標との関係で考える一連の研究は〝目標理論〟と呼ばれ、1990年代から2000年代にかけて爆発的に流行し、さまざまな研究が行われることになるのだが、このドゥエックの研究はその先駆けになったものと言えるだろう。

最後に一言だけ。目標理論の是とするところはちょうどこの時代から社会主義を覆いはじめた競争原理による動機づけの高揚をめざす新自由主義とは対極をなすもののように思える。にもかかわらず目標理論が心理学の世界の中だけにとどまっているのは少々残念な気もする。もっと広く訴えていく必要があるのではないだろうか。

第10章

教育心理学

†教育心理学の誕生

前章では学習性無力感や動機づけについて扱った研究を紹介したが、それらのうちとくに後半で取り上げたドゥエックの研究は教育現場と密接な関係にあることに気づいた方も多いであろう。この例に限らず、心理学の多くの分野は教育現場と関係を持っている。読者の中には、ひょっとすると教員免許をお持ちの方もおられるのではないかと思う。教員免許の取得にあたっては、教育心理学、青年心理学、児童心理学などの授業を必修科目として履修されたはずである。そうしたことからも心理学は教育とは密接に関係していることが理解されるだろう。

心理学と教育との関係は非常に古く、実験心理学が成立する以前の19世紀半ばまでさかのぼることができる。1850年代以降アメリカでは教員養成の専門機関、すなわち師範学校が設立されるが、心理学はすでにそこでのカリキュラムの中に含まれていた。ただ、それは近代の実験心理学以前の古い時代の心理学で、精神哲学などと呼ばれていた。教育心理学（educational psychology）という名称で初めて授業が開かれたのは、1890年、イリノイ大学でのことであった。以降20世紀に入ると教員養成のカリキュラムとして教育心理学を開講することは一般的になってくる。

なお、わが国における教育心理学の起源について少しだけ述べておこう。日本では、西周《にしあまね》（1829―1897）によって、ジョゼフ・ヘーヴン（1816―1874）の *Mental Psychology* が翻訳された（1875―1876年）。この著書の日本語タイトルは『心理学』で、心理学という訳語が初めて使われたことでも有名だが、この出版は文部省によって行われ、東京師範学校で教科書として使用されることになっていたようだ。また、1885年には有賀長雄著『教育適用心理学』、1889年には塚原政次著『教育心理学』がそれぞれ刊行されているそうだ[1]。当時、欧米の学術の動向がどのようにして日本に伝わっていたかについて著者は詳しい情報を持っていないが、それにしてもこの早さには驚かされる。

†教育心理学とは何なのか？

ところが、教育心理学はそのような長い歴史を持つにもかかわらず、その内容はとなると何とも心もとない。教育心理学固有の理論や実験といわれるものが、これといってないのである。現在、『教育心理学』というタイトルのテキストを開いてみても、たいていは行動、学習、記憶、発達、動機づけ……といった具合に、心理学の主要領域のうち教育と比較的近いと考えられている領域が抽出され、そこに学校や教育場面を念頭に置いた例がつけ足してあるようなものが多い。

そのようなわけで、あまり評価の高くない教育心理学であるが、本章ではそのなかでも教育心理学独自の概念として提起され、心理学の世界全般にも紹介され広まっていったとされる二つの研究の話をしてみたい。

実験29　ローゼンタールらのピグマリオン効果——教師の先入観が学力を伸ばした?

今からおよそ40年前、ローゼンタール（1933— ）らによって一冊の本が出版された(2)。その本の中で報告されたある小学校を対象とした学力に関する実験的な研究が、ここで紹介するピグマリオン効果の実験とされるものだ。

この実験は1964年から仮称オーク学校という小学校の児童を対象として行われた。オーク学校は中産階級が多い地域やメキシコ系移民などの低所得層が多く住む地域など、多様な地域にまたがる学区にある公立小学校だった。

まず、年度の初めに1年生から6年生の児童を対象に知能検査が実施された。そして、結果を分析した心理学者は約20%の児童を潜在的な能力が高い児童であるとして、それらの児童の氏名を担任の教師に報告した。しかし、本当はこの報告は虚偽で、このとき潜在的に能力が高いと判断された児童は、出席簿からランダムに選ばれただけだった。

表10-1　偽って伝えられた児童の知能指数の上昇幅

	知能指数の上昇幅		
	10ポイント以上	20ポイント以上	30ポイント以上
潜在的な能力が高いとされた児童	79%	47%	21%
その他の児童	49%	19%	5%

1年後、対象児童に再び知能検査が実施され、知能指数が算出された。表10-1からわかるように、その結果は驚くべきものであった。潜在的な能力が高いと虚偽の情報を伝えられた児童は、その他の児童よりも飛躍的に知能指数がアップしていたのだ。こうした傾向は低学年児童でとくに顕著だった。

社会心理学には自己充足的予言といわれるものがある。これはとくに自分自身に直接関係することについて、事実ではなくてもある種の思いこみや期待から「このようになるであろう」と予測すると、実際にそのような状況を引き起こすような行動を知らず知らずのうちにしてしまい、結果的にはその思いこみに基づく予測と同じような結果を招いてしまうことをいう。社会心理学における自己充足的予言は、流言やデマなどを自分自身に関連づけて悪い結果を予測しそのような状況を現実に引き起こしてしまうケースをさすことが多い。

ローゼンタールらは、この実験結果をポジティブな意味での自己充足的予言の一種と解釈した。つまり、教師は専門家から潜在的に能力が高いと伝えられた児童に対しては知らず知らずのうちに愛情を込め、また励ますような態度で接することになった。そのような態度はその児童の学習行動の一つ一つに対して、そのたびに承認し、褒める働きをするようになり、それが長期間にわたって積み重なることでその児童の学習に対する動機づけや習慣にプラスに作用し、結果的に知能指数のアップにつながっていったと考えたのである。

教師は、このような選別を普段から無意識的にやっていた。たとえばローゼンタールらの実験でも、教師はメキシコ系移民の児童は全般に知的好奇心が低いと見なしていることが確認された。ところが、メキシコ系移民の児童のなかでも潜在的に能力が高いという虚偽の情報を与えられた児童は、他の児童と比較して1年後の知能指数の上昇幅は大きいものとなっていた。

ローゼンタールは、この学校における自己充足的予言をまとめた本の題名をギリシア神話に登場するピグマリオン王の名前を借りて『教室のピグマリオン』とした。そのためこの現象は一般にピグマリオン効果と呼ばれることになった。

†教える側の偏見

子どもの学力を伸ばし学習に対する動機づけを高めることは教育心理学の大きな目的の一つだ。ただし、こうした試みの多くは教師が子どもに対して分け隔てなく同じ態度で接することが前提とされている。もちろん実際に大部分の教師はそのように心がけているつもりだ。にもかかわらず、教師は無意識のうちに子どもに対して先入観や偏見をもち児童生徒に影響を与えている。

ここで紹介したピグマリオン効果では、教師の偏見や先入観は児童生徒にプラスの影響を与えているが、ときとしてこれがマイナスに働く場合も考えられる。たとえば、教師がある児童を受け持つに際して、知的に問題がある、あるいは問題行動が目立つといったような情報が事前に伝えられることはときどきあるが、このような情報が必ずしも正確でない場合もある。このとき教師は、そのような情報を脇において他の児童と同じようにこの児童に関わることができるだろうか。

†人によってまちまち

さて、教育心理学固有の理論としてもう一つ紹介するのが、適性処遇交互作用（ATI）といわれるものである。

この考え方は20世紀中盤から後半にかけて活躍したアメリカの教育心理学者リー・ジョゼフ・クロンバック（1916―2001）により提起されたものである。クロンバックは1957年、科学的心理学は実験心理学と個人差測定学の二つの分野に分けられると主張

した。(3)

このうち実験心理学については、本書をここまで読んでくださった読者にはあまり説明を要さないであろう。実験心理学は人間の精神や行動に関する一般的な法則を追求するものである。たいていの場合、実験対象者は複数のグループに分けられ、それぞれグループで異なる刺激が外から与えられ、そのときの変化が確認される。結果として求められるのはグループ間の差である。

たとえば、漫画を用いた新しいやり方で授業を受けた第一グループの対象者10人と旧来の黒板と教科書を用いたやり方で授業を受けた第二グループの対象者10人にその後復習テストを実施したところ、第一グループの平均は80点、第二グループの平均は60点だったとしよう。この実験で重要なのは、復習テストにおいて第一グループは80点、第二グループは60点だったということだ。第一グループの中にも実は65点しかとれない人もいれば、第二グループの中にも80点近い点をとった人もいるかもしれない。しかし、それらはエラー、つまり誤差とみなされる。重要なのはあくまでグループ全員の平均値であり、そこから算出した二つのグループの得点の差が20点だということだ。しかし、いつでも実験はこのようにうまくいくわけではない。ときには個人差が大きくなることもある。

一方、個人差測定学は個人間の差を問題にする。たいていはパーソナリティ検査や知能検査を実施して、その得点を比較したり適応度や学業成績といった他の指標との相関関係を検討する。実験心理学のように外から刺激を与えてそれによる変化を確認しようという発想はない。パーソナリティ検査でも知能検査でもそれらを実施するときは同じ条件で実施することを心がける。もし、外的刺激によって測定条件に差が生じてしまった場合も、それは誤差として処理される。

このように実験心理学と個人差測定学はそれぞれ誤差とするものと測定結果として得ようとしているものが逆転している。

†二つの要因の組み合わせ

ところで、実験心理学において個人差が非常に大きくなると、外的刺激によって生ずる条件間の差が打ち消されてしまうような場合がある。一方、個人差測定学では外的刺激によって生ずる測定条件の差が非常に大きくなると、今度は、個人差に由来する差が打ち消されてしまう場合がある。そうするといずれの場合も研究は失敗ということになる。

クロンバックは、このように両者がそれぞれ不得意としてきた誤差を互いに利用して、二つの要因の組み合わせによる学習の最適化を提案した。それが適性（能力）処遇交互作用である。

たとえば、先ほども例として挙げた漫画教材を用いた新しい教授法と旧来の黒板と教科書による教授法の比較を行った研究では、予想に反して、二つの教授法の間に差が見られなかったとする。ところが、このとき対象者を普段から漫画をよく読む者と読まない者に分けて分析したところ、普段から漫画をよく読む者に対しては漫画教材はきわめて有効だが、漫画を読まない者に関してはむしろ旧来からの教授法のほうが有効であったとしよう。この例では実験心理学の側は漫画教材の有効性に、個人差測定学の側は個人の漫画に対するかかわりに関心があったところをうまく組み合わせ、交互作用を見いだしたということになる。

実は、この例は下敷きになった研究がある。適性処遇交互作用の古典的研究として知られているものなので、最後にそれを紹介したい[4]。

実験30 クロンバックの適性処遇交互作用——適切な教授法は人それぞれ

実験の対象者はアメリカのパデュー大学の入門物理学コースの学生2クラス、合計527名である。クラスは3時からのクラスと4時からのクラスがあり、前者は映画（動画）による授業を、後者は教師が直接指導を行った。クラス分けは学期の初めに物理学に関するテストを行い、偏りのないように割り振った。また、このとき「教授映画に対する態度」「娯楽映画に対する態度」「対人積極性」「情緒的安定性」「社交性」「自分のパーソナリティに対する評価」「数的能力」「言語能力」「学業成績」など、16の適性や能力についての質問が行われた。

授業は14回にわたり行われた。毎回の授業の最後に5分間、小テストが行われ、14回分のテスト得点の合計値がこの研究の結果とされた。

その結果であるが、映画による授業を受けたクラスの学生と教師による授業を直接受けたクラスの学生のテストの得点に明確な差はなかった。そこで、次に適性や能力に関する16の質問項目との関係を分析してみた。いくつかの注目すべき結果が得られたが、そのなかで適性処遇交互作用の典型例としてしばしば紹介される結果を以下に示す。

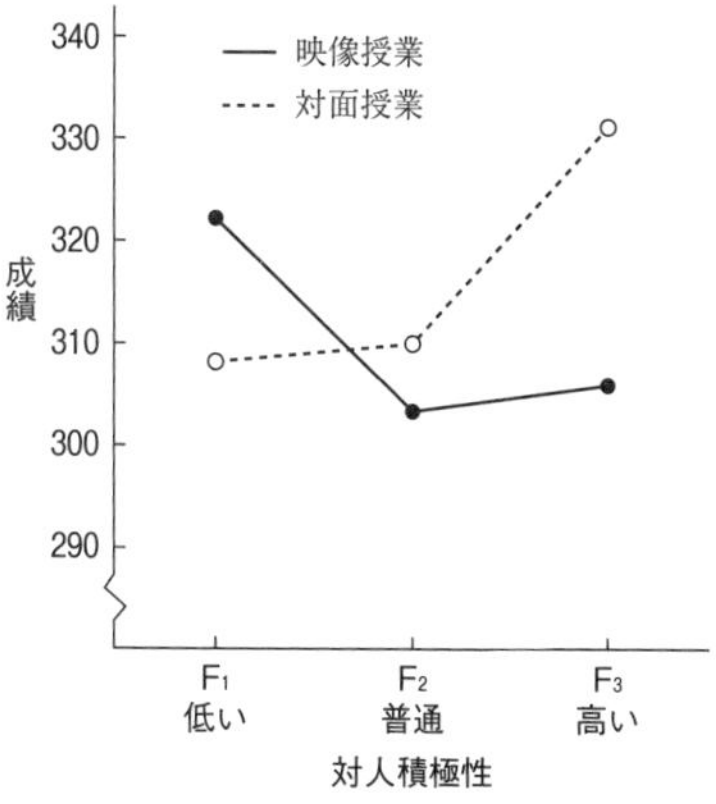

図10-1　授業方法ごとの対人積極性と成績の関係

図10-1を見ていただきたい。

縦軸はテストの成績、横軸のF_1、F_2、F_3は対人積極性の高さで3がもっとも高い。グラフの2本の線のうち実線、すなわち映画に

図10-2　適性処遇交互作用とは　同じ教育方法でも対象者の適性が異なれば、結果はまったく違ったものになってくる。

よる指導を受けた条件について見てみよう。この条件では対人積極性の低い対象者（F_1）が最も得点が高く、対人積極性の高い者は必ずしも成績は良いとは言えない（F_2、F_3）。一方、教師による直接の指導を受けたグループ（破線）の場合、対人積極性の低い対象者はあまり点数が良くないが、対人積極性が高いと逆に成績は良くなっている（図10-2）。

この結果をどう考えるべきだろうか。対人積極性の高い学生は教師と質問のやり取りのできる直接対面する授業が向いているが、対人積極性の低い学生は整然と作成された映画による授業を静かに受けたほうが落ち着いて学習できるのかもしれない。

†教育法の流行り廃りと心理学

今に始まったことではないが、教育の世界は流行り廃りが激しく、新しい方法が登場すると一斉に右に倣え、また、数年経つと今度は別の方法が出てきて左に倣えといった調子でやってきたように思う。しかし、どんな場合でも教育方法と個性との間には交互作用が生じる可能性があり、それを忘れてはならないというのが適性処遇交互作用の基本的な考え方である。

著者の恩師の一人は、戦後間もないころアメリカに渡り、クロンバックに直接指導を受けた。その恩師はよく、クロンバックはもともと化学出身で、心理学や教育学の流行からちょっと距離をおいて時流に流されず大局的なところから物を見ることができる人だった、と話していた。一見当たり前のように見える適性処遇交互作用の概念だが、そのようなクロンバックだからこそ、たどりつくことができたものなのかもしれない。

おわりに

序章でも述べたように、心理学は心を研究対象とする学問である。しかし、われわれはその心を見ることも、触ることもできないし、また、どのような素材からできているかも知らない。人体であれば炭素と水素と特定のアミノ酸と……といった説明が可能であるが、心に関してはそのような説明はまったくできない。空気のようなもの、プラスチックのように可塑性のあるもの……などといっても比喩以上のものではない。したがって、心理学では、心が何かというようなことを追求することは（本書では扱わなかった初期の構成主義心理学などを除けば）ほとんどなかった。代わりに心理学者が取り組んだのは、心は、ある場面においてどのような働きをするか、すなわち、機能について明らかにすることだった。

そして、その中でわかったのは、以下のようなことだった。つまり、心は、一見すると、外の世界の情報を正確に取り入れ、それらをもとに状況を客観的に判断し、適切な行動を選択しているように見えるが、実はそうではないということだ。もちろん、それには合理的な理由もある。たとえば、厳しい自然環境の中で人類が何十万年もの間生き延びるためには、厳しい現実を直視するより、むしろ自分に都合の良いように状況を楽観的に認知することが必要だったのかもしれない。心理学は、このように人の心は固有の原理に基づき外界とは独立した独自の働きをしているという二元論（心身二元論）を基本に成り立っていた。

二元論は強固だった。ワトソンなどの初期の行動主義者は、心の存在を否定して、心理学とは、人や動物にある刺激がインプットされたときどのような反応（行動）がアウトプットされるかを予測し、行動をコントロールするための学問だと主張した。心の世界の存在を否定して一元論の立場をとったのだ。しかし、間もなく行動主義の内部からも認知を積極的に認める二元論的な立場をとる批判が出てきて、一元論としての行動主義は、結局、主流にはならなかった。そして、20世紀後半には認知心理学が隆盛を極めるが、その主流派は人の心を情報処理装置と見立てるもので、これも二元論に立脚していた。もちろん、一部に心を脳、とくに神経のネットワークになぞらえる一元的な立場なども存在はしたが、それは十分な力を持つには至らなかった。

さて、時は流れ、21世紀に入って二十余年が過ぎたが、心理学は相変わらず二元論的なパラダイムのなかで実験を続けている。今世紀に入って心理学の内部から旧来の二元論的パラダイムを一新するような実験が行われたというような話を、著者は寡聞にして知らない。一方で心理学の外を見れば、神経科学やＡＩ（人工知能）の急速な発達が、これまで心理学が牙城としてきた心の世界の領域を一元論的な物の世界、身体の世界の原理で少しずつ侵食しはじめているように思える。さらに、21世紀の中頃にも到来するといわれているＡＩのシンギュラリティ（技術的特異点：ＡＩの能力が人間の脳の限界をはるかに超え、自律的に思考、判断し、人間の生活もそれに伴い根本的に変化するといわれる歴史的分岐点）に対して心理学は何か必要な知見を提供できるだろうか。著者にはわからない。

これらの現状認識も踏まえて、心理学とはいったいどういう学問なのか改めて考えてみよう。

結論的に言ってしまえば、心理学とはヨーロッパの伝統である二元論的哲学の一部が、19世紀に飛躍的に進歩した生理学・物理学・化学などの影響を受けてそこから分離して生まれたハイブリットとでもいうべき学問領域で、それはまさに20世紀の学問であったということだ。20世紀の直前に哲学的テーマを実験という新しい手法で扱う領域として生まれ、二つの戦争を挟んで20世紀の学問として多くの支持を受けたものの、身体を通して心を操作するというその実験的手法の限界に突き当たり、20世紀の終焉とともに衰退の兆しを見せつつある、それが心理学であったのではないだろうか。

いささか乱暴な見方かもしれないが、著者は心理学の現状をこのように見ている。そして、正直に申し上げれば、心理学の将来に対してあまり明るい展望が持てないでいる。もちろん、若手の心理学者の中には、神経科学や人工知能の研究者と対等に渡り合える力量をもった者も増えており、彼らに期待もしている。また、とくにわが国では、この20年ほど臨床心理士、公認心理師の資格化が進められる中で、各地の大学に心理学部、心理学科などが新設され、多くの心理学の研究者や実務家を育てる仕組みが作られたことは喜ばしいことでもある。しかし、そのような景気の良い話の裏側に何か落とし穴があるのではないかと、考えてしまうのである。

本書は、心理学に関心を持つ一般の読者のほか、心理学をこれから専門的に勉強したいと考えている大学生、大学院受験生などを想定して書かれたものだが、そうした読者諸氏が、心理学のおかれた状況について本当の意味で理解を深める初めの一歩にしていただければと思っている。これをもって短い締めくくりとしたいと思う。

あとがき

今からちょうど10年前の２０１３年、著者は『無気力なのにはワケがある――心理学が導く克服のヒント』（ＮＨＫ出版新書）という著書を出版しました。これは、著者が大学院時代に取り組んでいた学習性無力感（本書第９章）の実験を、発表された時系列に沿って紹介することを主たる目的としたもので、いくぶん本書と似たところをもつ新書です。その後、著者は『心理学史』（ナカニシヤ出版）を上梓しました。こちらは、心理学の歴史の概論書で、心理学の発展を主要な理論と人物を軸にまとめたものです。

これらの著書が筑摩書房編集部の田所健太郎さんの目に留まり、実験を紹介した一つめの著書のスタイルで、二つめの著書『心理学史』が扱いきれなかった心理学の歴史をつくった30個の有名な実験を紹介する新書を書いてはどうかという提案をいただきました。

当初、この企画は著者には難しいものに思えました。一つのテーマに腰を据えて仕事をするのが苦手で心理学のあちこちの領域をつまみ食いのようにして研究生活を送ってきた著者から見ても、心理学の全領域から30個の実験を選ぶことは決して容易なことではなかったからです。しかも、そうした著書はすでにいくつか出版されていました。ただ、それらを見てみると、多くは年表に沿って有名な実験をコラムにしたものを並べているだけで、個々の実験のバックグラウンドとなる理論の流れが見えてきません。そこで、心理学史の流れは崩さず、しかし、理論ベースではなく実験ベースで心理学史を構成し、読み物としても読むに耐えうる著書を作ってみようということで、非力ながらお引き受けすることにしました。

ところが、とりあえず、書き始めたまではよいものの執筆は遅々として進まず、完成までに2年以上の歳月を費やしてしまいました。

本書の特徴はすでに述べたとおりですが、さらに二つほど追加しておきます。まず、一つめ。本書は新書判ですが、本格派でもあるということが挙げられます。紹介した実験の多くはこれまでも類書で紹介されたものが多くを占めますが、実験データなどはすべてオリジナルの論文か、そうでなくとも、オリジナルに近い著書などを取り寄せて確認しました。心理学の概論書の多くは既刊の他の概論書の記述内容を下敷きに執筆されることが多く、そのやり方が長年にわたって受け継がれてきました。そして、その間にだいぶ原典が歪んで伝えられてしまい誤解や偏りが生まれてきてしまったところも少なからず見受けられます。本書は、できるだけ原典を確認することによって、そういった誤解や偏りを極力なくすよう努力を払ったつもりです。半面、取り上げた30個の実験（研究）を著者のよくわかっている範囲から選択することとなり、いささか偏ったものになっていることも否めません。そこは反省点でもあります。

さて、二つめの特徴ですが、本書は心理学全般に広く関心を有する社会人の方を読者に想定して執筆されたものですが、それに加え、大学の「心理学概論」、「基礎心理学入門」といった授業科目のテキストとしても使用できるものとなっているということです。ここ30年あまり、大学のカリキュラムの改革の影響もあり、心理学もかつてのような通年（4単位）の授業は姿を消し、最近では、半年（2単位）どころか、3か月（1単位）といった区切りの授業も増えています。それらの授業用として旧来の単行本、あるいは大学のテキストを意図したシリーズ物の書物は内容的にも（学生にとっては経済的負担も）少々重いのではないでしょうか。それに比べると本書は1テーマ1冊を目安につくられた新書判で、分量的にも（もちろん、価格的にも）2単位（主なもののみ取り上げるなら1単位）の講義にちょうどよいのではないかとみています。

以上、本書の狙いがどこまでうまく行っているか、著者にはいささか心もとないのですが、読者諸氏には、忌憚のない意見をいただければと思います。

なお、ご存じのように、心理学は本書で扱ったような実験を主とした実験心理学とカウンセリングや心理療法、心理テストなどでみなさんよくご存じの臨床心理学の両翼から成り立っていますが、臨床心理学については、今回は思い切って切り離してみました。臨床心理学についてはまた別の機会に、あるいは他の類書に譲りたいと思います。

おしまいに、本書ができあがるまでにお世話になった方へ、この場を借りてお礼申し上げます。

発達心理学が専門の同僚、中道圭人准教授は、著者が少し調子にのって筆を進めてしまった第7章、第8章の原稿をチェックしてくださり、有益な助言をいただきました。また、イラストレーターのたむらかずみさんは、教科書的な記述になりがちな本書に気持ちの和むイラストを描いてくださり、本書を楽しいものにしてくださいました。

最後になりますが、本書の生みの親である筑摩書房編集部の田所健太郎さんは、なかなか仕事をしない著者を呆れずに2年もの間、万端にわたってサポートしてくださりました。ありがとうございました。

2023年2月

大芦　治

引用文献

あとがきでも述べたように引用文献はできるだけオリジナルを参照し、ここでも、オリジナルあるいはそれに近いものにたどれるようにしてある。ただし、新書としての本書の性格も考え、邦訳がある場合はそちらを優先して紹介した。

序章　心理学は、いつ、どのように成立したのか

（1）ダヴィット・カッツ著、武政太郎・浅見千鶴子訳（1948/1962）『ゲシタルト心理学』新書館、14ページ。
（2）W・ジェームズ著、今田寛訳（1891/1992）『心理学（上・下）』岩波文庫。

第1章　行動主義と条件づけ

（1）Thorndike, E.L.（1898）Animal intelligence: An experimental study of the associative processes in animals. *The Psychological Review: Monograph Supplements*, 2（4）, i-109.
（2）パヴロフ著、河村浩訳（1926/1975）『大脳半球の働きについて（上）』岩波文庫、34ページ。
（3）Watson, J.B.（1913）Psychology as the behaviorist views it. *Psychological Review*, 20, 158-177.
（4）J・B・ワトソン著、安田一郎訳（1925/2017）『行動主義の心理学』ちとせプレス（本文中の引用は著者訳）。
（5）Watson, J.B. and Rayner, R.（1920）Conditined emotional reactions. *Journal of Experimental Psychol-*

ogy, 3, 1-14（なお邦訳は、リチャード・D・グロス著、大山正・岡本栄一監訳（1990/1993）『キースタディーズ　心理学』新曜社の下巻の第22章にある）。

第2章　ゲシュタルトと心理学

（1）二瀬由理（2009）「心理学ってなんだろう　心理学Q&A　漢字のゲシュタルト崩壊現象とは何でしょうか？」日本心理学会ホームページ https://psych.or.jp/interest/ff-34/（２０２２年12月４日閲覧）。

（2）Wertheimer, M.（1912）Experimentelle Stuidien uber das Shen von Bewegung. *Zeitschrift für Psychologie und Physiologie der Sinnesorgane*, 61, 161-265（邦訳は、三宅俊治訳（2004）「運動視に関する実験的研究」『吉備国際大学大学院社会学研究科論叢』第６号、１３７―２４７ページ）。

（3）木田元（2014）『マッハとニーチェ――世紀転換期思想史』講談社学術文庫。

（4）Gottschaldt, K.（1926）Gestalt factors and repetition. In W.D. Ellis, Willis（1997）*A Sourcebook of Gestalt Psychology*. The Gestalt Journal press, pp. 109-122.

（5）ケーラー著、宮孝一訳（1917/1962）『類人猿の知恵試験』岩波書店。

第3章　行動と認知

（1）Tolman, E.C. & Honzik, C.H.（1930）Introduction and removal of reward and maze performance in rats. *University of California Publications in Psychology*, 4, 257-275.

（2）アルバート・バンデューラ編、原野広太郎・福島脩美訳（1971/2020）『新装版　モデリングの心理学――観察学習の理論と方法』金子書房。

（3）Rescorla, R.A.（1966）Predictability and number of parings in Pavlovian fear conditioning. *Psycho-*

nomic Science, 4, 11, 383-384.

第4章　認知と記憶

（1） Miller, G.A.（1956）The magical number seven plus or minus two: some limits on our capacity for processing information. *Psychological Review*, 63（2）, 81-97.
（2） H・エビングハウス著、宇津木保・望月衛訳（1885/1978）『記憶について――実験心理学への貢献』誠信書房。
（3） Bransford, J.D. & Johnson, M.K.（1972）Contextual prerequisites for understanding: Some investigations of comprehension and recall. *Journal of Verbal Learning & Verbal Behavior*, 11（6）, 717-726.
（4） Craik, F.I.M. & Tulving, E.（1975）Depth of processing and the retention of words in episodic memory. *Journal of Experimental Psychology: General*, 104（3）, 268-294.
（5） A・R・ルリヤ著、天野清訳（1968/2010）『偉大な記憶力の物語――ある記憶術者の精神生活』岩波現代文庫。

第5章　認知の誤り

（1） 一連の実験は、E・F・ロフタス著、西本武彦訳（1979/1987）『目撃者の証言』誠信書房のなかでまとめて紹介されている。
（2） Loftus, E.F. & Zanni, G.（1975）Eyewitness testimony: The influence of the wording of a question. *Bulletin of the Psychonomic Society*, 5（1）, 86-88.
（3） Loftus, E.F.（1977）Shifting human memory. *Memory and Cognition*, 5（5）, 696-699.

（4） Wason, P.C.（1968）Reasoning about a rule. *Quarterly Journal of Experimental Psychology*, 20, 273-281. また、柴田淑枝（1996）「ウェイソンの４枚カード課題に関する研究のレビュー――その１：１９６６年〜１９７９年まで」『名古屋大學教育學部紀要』教育心理学科、第43号、２４３―２５３ページ、柴田（1997）「ウェイソンの４枚カード課題に関する研究のレビュー――その２：１９８０年〜１９８８年まで」同、第44号、２２９―２４１ページ、柴田（1998）「ウェイソンの４枚カード課題に関する研究のレビュー――その３：１９８９年〜１９９５年まで」同、第45号、１６１―１７３ページも参照。そのほか、４枚カード課題について日本語で読めるものとしては、市川伸一（1997）『考えることの科学――推論の認知心理学への招待』中公新書の第１章などがある。
（5） Tversky, A. & Kahneman, D.（1980）Causal schemas in judgements under uncertainty. Fishbein, M. ed., *Progress in Social Psychology*, vol. 1, New Jersey, Lawrence Erlbaum Association, pp. 49-72.
（6） Alloy, L.B. & Abramson, L.Y.（1979）Judgment of contingency in depressed and nondepressed students: Sadder but wiser? *Journal of Experimental Psychology: General*, 108（4）, 441-485.
（7） ベンジャミン・リベット著、下條信輔訳（2004/2005）『マインドタイム――脳と意識の時間』岩波書店（第４章にこの実験についての詳細な紹介がある）。

第６章　他者と社会

（1） Asch, S.E.（1956）Studies of independence and conformity: I. A minority of one against unanimous majority. *Psychological Monographs: General and Applied*, 70, 9（whole 416）.
（2） S・ミルグラム著、岸田秀訳（1974/1995）『服従の心理――アイヒマン実験』河出書房新社。
（3） ハンナ・アーレント著、大久保和郎訳（1963/2017）『新版　エルサレムのアイヒマン――悪の陳腐さについての報告』みすず書房。
（4） 認知的不協和に関する主要な研究はフェスティンガーの以下の著書で概略を知ることができる。フェスティンガー著、末永俊郎監訳（1957/1965）『認知的不協和の理論――社会心理学序説』誠信書房。
（5） Festinger, L. & Carlsmith, J.M.（1959）Cognitive consequences of forced compliance. *Journal of Abnormal and Social Psychology*, 58, 203-210（なお邦訳は、グロス（1990/1993）『キースタディーズ 心理学』上巻の第9章にある）。

第7章 発達と愛着

（1） 以上の説明は、村田孝次（1987）『発達心理学史入門』培風館、102―1033ページによる。
（2） デボラ・ブラム著、藤澤隆史・藤澤玲子訳（2002/2014）『愛を科学で測った男――異端の心理学者ハリー・ハーロウとサル実験の真実』白揚社、52ページ。
（3） J・ボウルビィ著、黒田実郎ほか訳（1969/1991）『母子関係の理論』（全3巻）岩崎学術出版社。ボウルビィの著作はとても読み通せる分量ではない。ボウルビィ著、作田勉監訳（1979/1981）『ボウルビイ 母子関係入門』星和書店や、ボウルビィ著、二木武監訳（1988/1993）『母と子のアタッチメント――心の安全基地』医歯薬出版のようなボウルビィ自身による入門書を読むのがよい。
（4） H・F・ハーロー、C・メアーズ著、梶田正巳ほか訳（1979/1985）『ヒューマン・モデル――サルの学習と愛情』黎明書房。
（5） Ainsworth, M.D. & Bell, S.M.（1970）Attachment, exploration, and separation: Illustrated by the behavior of one-year-olds in a strange situation. *Child Development*, 41, 49-67.
（6） Saltman, B.（2020）*Strange Situation: A Mother's Journey into the Science of Attachment*. Scribe Pub-

lications.
（7） 三宅和夫編著（1981）『乳幼児の人格形成と母子関係』東京大学出版会。

第8章 発達と知能

（1） J・ピアジェ、A・シェミンスカ著、遠山啓・銀林浩・滝沢武久訳（1941/1992）『数の発達心理学　新装版』国土社、20ページ。
（2） 同、42ページ。
（3） マーガレット・ハリス、ガート・ウェスターマン著、小山正・松下淑訳（2015/2019）『発達心理学ガイドブック――子どもの発達理解のために』明石書店、197ページ。
（4） McGarrigle, J. & Donaldson, M.（1975）. Conservation accidents. *Cognition: International Journal of Cognitive Psychology*, 3（4）, 341-350.
（5） Wimmer, H. & Perner, J.（1983）Beliefs about beliefs: Representation and constraining function of wrong beliefs in young children's understanding of deception. *Cognition*, 13, 103-128.
（6） Baron-Cohen, S., Leslie, A.M. & Frith, U.（1985）Does the autistic child have a "theory of mind?" *Cognition*, 21（1）, 37-46.
（7） Hothersall, D.（2004）*History of Psychology*, 4th ed. McGraw Hill の第11章による。なお、この研究についての詳細は膨大な報告書が出されており、すべてではないがインターネット上でも公開されている。
（8） ダニエル・ゴールマン著、土屋京子訳（1995/1998）『EQ――こころの知能指数』講談社プラスアルファ文庫。
（9） ウォルター・ミシェル著、柴田裕之訳（2014/2017）『マシュマロ・テスト――成功する子・しない子』

ハヤカワ・ノンフィクション文庫。
(10) Shoda,Y., Mischel, W. & Peake, P.K. (1990) Predicting Adolescent Cognitive and Self-Regulatory Competencies From Preschool Delay of Gratification: Identifying Diagnostic Conditions. *Developmental Psychology*, 26, 978-986.

第9章　動機づけと無気力

(1) カート・ダンジガー著、河野哲也監訳 (1997/2005)『心を名づけること（上・下）』勁草書房。
(2) Deci, E.L. (1971) Effects of externally mediated rewards on intrinsic motivation. *Journal of Personality and Social Psychology*, 18 (1), 105-115.
(3) Seligman, M.E. & Maier, S.F. (1967) Failure to escape traumatic shock. *Journal of Experimental Psychology*, 74 (1), 1-9.
(4) Hiroto, D.S. (1974) Locus of control and learned helplessness. *Journal of Experimental Psychology*, 102 (2), 187-193.
(5) Dweck, C.S. & Reppucci, N.D. (1973) Learned helplessness and reinforcement responsibility in children. *Journal of Personality and Social Psychology*, 25 (1), 109-116.
(6) Elliott, E.S. & Dweck, C.S. (1988) Goals: An approach to motivation and achievement. *Journal of Personality and Social Psychology*, 54 (1), 5-12.
(7) キャロル・S・ドゥエック著、今西康子訳 (2006/2016)『マインドセット――「やればできる！」の研究』草思社。
(8) Dweck, C.S., Davidson, W., Nelson, S. & Enna, B. (1978) Sex differences in learned helplessness: II.

The contingencies of evaluative feedback in the classroom and Ⅲ. An experimental analysis. *Developmental Psychology*, 14, 268-276.

第10章　教育心理学

（1）安斎順子（2019）「西周と教育心理学の関係性」『法政大学教職課程年報』第18号、22—27ページ。
（2）Rosenthal, R. & Jacobson, L.（1968）*Pygmalion in the Classroom and Pupil's Intellectual Development*. New York: Holt, Rinehart and Winston.
（3）Cronbach, L.J.（1957）The two disciplines of scientific psychology. *American Psychologist*, 12（11）, 671-684.
（4）Snow, R.E., Tiffin, J. & Seibert, W.F.（1965）Individual differences and instructional film effects. *Journal of Educational Psychology*, 56（6）, 315-326.

【図版出典】

表0-1　アダム・ハート＝デイヴィス総監修、日暮雅通訳（2009/2014）『サイエンス大図鑑【コンパクト版】』河出書房新社をもとに作成。／**図1-1**　Thorndike（1898）による。／**図1-2**　同。／**図1-3**　イヴァン・ペトロヴィチ・パヴロフ著、岡田靖雄・横山恒子訳（1928/1979）『高次神経活動の客観的研究』岩崎学術出版社による。／**図2-2**　Wertheimer（1912）をもとに作成。／**図2-3**　G・カニッツァ著、野口薫監訳（1979/1985）『視覚の文法——ゲシュタルト知覚論』サイエンス社をもとに作成。／**図2-4**　クルト・コフカ著、鈴木正彌監訳（1935/1988）『ゲシュタルト心理学の原理』福村出版をもとに作成。／**表2-1**　同書より一部改変。／**図2-5**　ケーラー（1917/1962）による。／**図3-1**　Tolman & Honzik（1930）をもとに

作成。／**図3−2** 同。／**図3−4** バンデューラ編（1971/2020）をもとに作成。／**図3−6** Rescorla（1966）をもとに作成。／**図4−1** エビングハウス（1885/1978）をもとに作成。／**図4−2** Bransford & Johnson（1972）による。／**図4−3** 同書をもとに作成。／**表4−1** Craik & Tulving（1975）をもとに作成。／**図4−4** 同。／**表4−2** ルリヤ（1968/2010）をもとに作成。／**表5−1** ロフタス（1979/1987）をもとに作成。／**図5−1** Loftus & Zanni（1975）をもとに作成。／**図6−1** Asch（1956）をもとに作成。／**表6−1** 同。／**表6−2** ミルグラム（1974/1995）をもとに作成。／**表6−3** Festinger & Carlsmith（1959）をもとに作成。／**図7−2** ©Science Source/amanaimages／**図7−3** ハーロー、メアーズ（1979/1985）をもとに作成。／**図8−2** Piaget, J. & Inhelder, B.（1948）*La représentation de l'espace chez l'enfant.* Presses Universitaires de France による。／**表8−1** McGarrigle & Donaldson（1975）をもとに作成。／**図9−6** 著者作成。／**表9−1** Dweck, *et al.*（1978）をもとに作成。／**表10−1** Rosenthal & Jacobson（1968）をもとに作成。／**図10−1** Snow, *et al.*（1965）をもとに作成。

ちくま新書
1719

二〇二三年四月一〇日 第一刷発行

心理《しんり》学《がく》をつくった実験《じっけん》30

著者 大芦治（おおあし・おさむ）
発行者 喜入冬子
発行所 株式会社 筑摩書房
東京都台東区蔵前二-五-三 郵便番号一一一-八七五五
電話番号〇三-五六八七-二六〇一（代表）
装幀者 間村俊一
印刷・製本 三松堂印刷 株式会社

ISBN978-4-480-07544-4 C0211